JN056635

ワイン家のオーブン料理

著：ワインあけび
Akebi Wein

リトルモア

山にかこまれた美しい村で
自然とともに暮らすワイン家の人々。
家の真ん中にはイエルカが作った薪ストーブ。
黒々とした鉄の奥で薪がはぜ、
赤々と炎がゆれる。
かたわらでは柴犬のイマが、悦子の織った
山羊の毛の敷物に陣取って鼻を鳴らす。
ストーブに備え付けられたオーブンからは、
あけびの作った料理の良い香り。
火と時間が食べ物をますますおいしくする。

はじめに

三十八年前、妻と私は長野の山奥の小さな村の空き家に移り住んだ。自然の中で新鮮な空気を吸い、きれいな水を飲み、できるだけ自分たちのための野菜を育てたかった。妻は娘を産み、山の甘い果物の名前をとってあけびと名づけた。

私の育ったチェコスロバキアで大切な日々の食べものはサワードウのライ麦パンである。だから、畑を作りライ麦を蒔いて、パンを焼くオーブンのことを考え始め、曲げた厚い鉄板を溶接してレンガを入れたオーブン付きの薪ストーブを作った。

自分たちのストーブを作ると隣りに住む友人が、私にも作って欲しいと言い、また違う友人にも頼まれ、少しずつ私はストーブ屋さんになっていった。三十年以上たった今でも、楽しみながらストーブを作っている。

あけびは薪ストーブのまわりで育った。小さな頃から薪集めや、薪割りを手伝い、大きくなるとオーブンを使っていろいろな料理を作りはじめた。娘は成長し、よい料理人になった。イタリア料理を教え始め、新聞や雑誌に料理についての記事を書き、この秋、小さなデリカテッセンを開いた。これは彼女の初めての料理の本です。楽しんでください！

２０２２年11月
イエルカ・ワイン

ストーブの記憶

私はストーブの傍らで育った。

冬の記憶にはぱちぱちとはぜる薪の音と、柔らかな暖かさが染み込んでいる。

幼い頃は、よく家族で流木を拾った。雨のあとはたくさんの木が河原に流れ着いていて、自分の体よりも大きな木を一生懸命引きずった。流木集めは朝、小学校に行く前の日課だった。初めて薪ストーブのオーブンでクッキーを焼いたのもこの頃だったと思う。

もう少し大きくなると父が薪割りを教えてくれた。集中すること、どこに斧の刃を当てるべきか見極めることなどいろいろなことを教わった。成長するにつれ嫌で嫌でしかたなかった時期もあったけれど、薪割りに関しては英才教育を受けたと思っている。なにより実用的な良い運動であり、薪までできてしまう。

留学先のチェコから長野に初めて帰ると、私の部屋にも薪ストーブが設置されていた。ガラス越しにゆらゆらと踊る火が私を迎えてくれているようで、胸が熱くなった。後から母に、帰国する日に間に合うよう工事を急いでくれたと聞いた。誇らしげに輝く父の顔を思い出す。

父はよくストーブを「お嫁に出す」と言う。ストーブは鉄の娘、私は生身の娘。

身も心もあたたまるオーブン料理が、皆様の食卓に上ることを願っています。

2022年11月　ワインあけび

ワイン家のオーブン料理　もくじ

オーブン調理について

◎ここに紹介する料理はすべて薪ストーブに備え付けられたオーブンで作っていますが、ガスや電気のオーブンでも、同様の温度と時間で作ることができます。
◎オーブンに入れる調理器具は耐熱性のものを使ってください。
◎オーブンは必ず調理をする温度に予熱してください。
◎オーブンによってそれぞれの癖のようなものがありますから、レシピの焼き時間は目安として考え、ほどよい焼き上がりになるよう様子を見ながら調節してください。

レシピ表記について

◎表記のあるもの以外は「作りやすい分量」を示しています。
◎大さじ1＝15㎖／小さじ1＝5㎖／カップ1＝200㎖で計量しています。

イエルカのストーブはオーブンの扉が正面についているものと、側面のものがある。

はちみつ酵母のパン

オーブン230℃　40〜45分

フランスの古い文献で見つけた手法を参考に作ったレシピ。酵母をおこすのに時間はかかるけれど、完成すればあとは簡単。口の中にかすかに広がるはちみつの味が素敵です。

材料（パン1個分）

はちみつ酵母（作り方は次ページ）――180g
はちみつ――15g
水――350ml
強力粉――540g
全粒粉――60g
塩――9g

作り方

1 ボウルにはちみつ酵母、はちみつ、水を入れて泡立て器でよく混ぜる。強力粉と全粒粉を加え、ゴムベラで混ぜ合わせる（べたつく場合は全粒粉を足す）。

2 生地がまとまってきたら台の上に取り出し、塩を加えて手で10分ほど、なめらかになるまでこねる。

3 2を丸くととのえてボウルに入れ、ラップをする。1.5倍くらいにふくらむまで一次発酵させる（室温で6〜8時間ほど）。

4 一次発酵が終わったらやさしくパンチしてガスを抜く。

5 打ち粉（分量外）をした台に取り出し、生地を軽く丸め、かたく絞った濡れ布巾をかけて10分休ませる。

6 直径20cm、高さ8〜10cmくらいのボウルに油（分量外）をぬり、全粒粉またはライ麦粉（分量外）をたっぷりとまぶしておく。

7 5の生地の表面に張りが出るよう上の方の生地を下に送り込み、きれいに丸める。生地の綴じ目を上にして6のボウルに入れ、ラップをかけてあたたかいところ（25〜35℃）で二次発酵させる。

8 生地が1.5倍くらいにふくらんだら、ボウルにふたをするように天板をのせ、ゆっくりと逆さにして生地を移動させる。

9 天板の生地に全粒粉またはライ麦粉（分量外）を茶こしでたっぷりとふり、カミソリかカッターで十字にクープを入れる。生地に対して刃をやや斜めにすると入れやすい。

10 9を230℃のオーブンに入れ、40〜45分焼く。途中一度、パンの向きを変えると均一に焼ける。パンの底をたたいてみて、からっぽな音がしたら焼き上がり。

＊底だけ早く焼けてしまう場合は冷たいレンガを天板の下に入れるとよい。

はちみつ酵母

材料

はちみつ ——— 10g
菜種油 ——— 10g
水（カルキの含まれていないもの）——— 200ml
全粒粉 ——— 305g+25g

作り方

1 ボウルにはちみつ、菜種油、水を入れ、よく混ぜる。
2 1に全粒粉305gを加える。生地が指にくっつかなくなりボール状にまとまるようになるまで混ぜる。
3 密閉容器に移してふたをし、あたたかい場所（20℃くらい）に3日間置いておく。少しふくらんで発酵した独特の香りがしはじめる。
4 4日目に全粒粉25gを加えて混ぜたら、打ち粉（分量外）をした台の上でこねる。容器に戻し、もう2日間、あたたかい場所で再び寝かせる。

＊酵母のかけつぎをしたい場合は、部屋のあたたかいところに置いておき、全粒粉60gと水40mlを1日1回加えるとよい。

かけつぎを続けて2ヵ月ほど経ったはちみつ酵母。

父とギリシャへの旅

十三歳のとき、父につれられギリシャを旅した。

成田からアテネに到着した日の夕方、アクロポリスの丘に登り、はてしなく続く白い街と広い空を眺めた。パルテノン神殿の近くの美術館に、神に捧げる仔牛を担ぐ青年の像があった。自分の育てた仔牛を大切に肩にのせ、神のもとへと運ぶ全裸の青年は穏やかで満足そうで神々しかった。素晴らしい旅になる予感がした。

太陽が沈みすっかり暗くなってから、プラカというレストランが立ち並ぶ広場まで歩き、賑やかに夕食をとるギリシャ人たちに交じって食事をした。オリーブをつまみ、胡麻をまぶした白パンにピンク色のタラモサラタをつけてかじり、ホルタという茹でた青菜にオリーブオイルとレモンを搾ったものや、ぽってりした白い豆の煮込み、新鮮なイカのフライを夢中で食べた。音楽が流れ、人々はなんだか陽気で楽しそうで、父も満足げに松脂(まつやに)の味のワインをすすっていた。

翌日訪れたアテネの中央市場はすごい活気だった。艶々したいろいろな種類のオリーブの山に大きなフェタチーズの塊、天井からぶら下がった皮を剥がれたまるごとの山羊、ごろっと置かれた牛の口から飛び出すパセリ、積み上げられた柑橘にハーブの大きな束や、色とりどりの魚介類。飛び交うお兄さんたちのかけ声のなかを買い物かごを抱えたギリシャ婦人たちが品定めしつつ闊歩している。市場こそが市民の胃袋を預かる台所なのだ。

アテネの港町ピレウスからフェリーに乗って観光客のほとんどいない小さな島々を巡った。来る日も来る日もオリーブの木立が続く道をヒッチハイクしながら移動し、遺跡や神殿を訪れ、夕方になると小さな村に泊まった。夜は小さなキャンピングガスで簡単な食事を作るか、村のタヴェルナに行って胃にじわりと染みていくような料理を食べた。スコールが降るとカフェニオン(ギリシャの伝統的なカフェ)に駆け込み、ギリシャコーヒーや煙っぽい味のする熱い山の薬草茶をすすりながら雨が上がるのを待つ。ギリシャ語を話す父は地元のゾルバと話し込み、家に招かれたりもした。ある老婦人はオリーブオイルのたっぷり入ったオレンジの香りのするケーキでもてなしてくれた。

村祭りでグリークダンスを踊る人々を見かけることもあった。ギリシャ人は悲しみで胸が張り裂けそうになると、カフェニオンで皿を床に投げながら自分のための踊りを踊る。皿が割れるたびに枚数を計算するレジの音が鳴り響く店内で、私は目を丸くした。

クレタ島に着いた私たちは、憧れのクノッソス宮殿を訪れた。遺跡は修復中で本から想像していたよりもあっけなく、ミノタウロスももちろんいない。二人そろってひどい風邪をひき、イラクリオンのホテルで毛布にくるまって一週間、英語版『シャーロック・ホームズ』を読んで過ごした。

風邪が回復すると、さっそく市場に行ってアーティチョークを買い、部屋の小さな小さなバルコニーでいそいそと湯を沸かした。まず茹で上がった蕾からガクをはがし、その根元の実の少しだけついた部分を歯でしごく。そして最後にほくほくした芯にかぶりつく。ギリシャの甘めのマヨネーズをつけて食べた人生初のアーティチョークは人生の最良の部分の味がした。

イカリアというこれ以上は無理なほどのんびりした島では、オリーブ畑が棚田のように広がり、ロバが人や荷物をのせてゆっくりと歩いていく。そして真っ白な壁にギリシャブルーのドームの教会が点在している。この島には昔、ダイダロスの息子イカロスが蠟で固めた羽で太陽に近づき墜死したという神話がある。

ある日曜の朝、映画のような風景を見た。広場に座っていると、全身黒い服のギリシャ婦人が街角から一人また一人と現れ、色とりどりの料理の入った焼き皿を手に同じ方向に消えていく。

後をついていくと、街のパン屋の前に出た。そこで婦人たちは、パンを焼いた後のまだ熱い石窯に日曜日のご馳走を入れて焼いてもらっていた。待っている間おしゃべりに花を咲かせ、焼き上がった料理を受け取ってまたそれぞれの家へと帰っていく。スパナコピタ(ほうれん草とフェタ入りパイ)やブガッツァ(カスタードとシナモンの入ったパイ)、壺のような鍋に入った煮込みやシチュー、ピラフのような米料理、ムサカなどの入り混じった芳しい香りが石窯から立ち昇っていた。

その後ギリシャ本土に戻り、テサロニキからペロポネソス半島までぐるっとまわった。テサロニキの南、ヴォロスという街にスカーラ・ディ・ミラーニ（ミラノのスカラ座）というタヴェルナがある。兄弟が経営するこの店は地元の常連客で毎夜賑わう。二人が作るのは新鮮な素材を使った、軽やかに口に飛び込んでくるようなギリシャの料理だ。料理を出し終わるとエプロンを外し、ブズーキという楽器を手に歌い始める。客たちも共に歌い、宴は熱をおびて夜遅くまで続く。以前から父に聞いていた通り、料理も雰囲気も唯一無二だった。

旅の名人の父は面白いことを嗅ぎ当てる嗅覚に優れ、土地の人のなかに自然に溶け込んでいく。小学校の卒業式と中学校の入学式をすっぽかし、彼の最高のヨーロッパを紹介してくれた。私の旅する遺伝子が目覚めたのはこの旅の最中だったと思う。

ハーブと米を詰めたトマト

⊡オーブン180℃　50分

ギリシャやイタリア、トルコなど地中海のコンフォートフード。トマトのおいしい焼き汁を吸ったお米と鮮やかなハーブの風味が楽しい。肉料理の付け合わせにも。

材料（中6個分）

トマト ―― 中6個
米（精米したもの）―― 100g
ミント ―― 1枝
バジルの葉 ―― 6枚
にんにく ―― 1片
塩 ―― 小さじ2/3
オリーブオイル ―― 小さじ1

作り方

1 トマトはへたから1cmくらいのところで横に切る（ふたになるのでとっておく）。破かないように中身をくり抜く。トマトの果肉と汁はボウルにとっておく。
2 ハーブ類、にんにくは粗く刻む。
3 1のトマトの果肉と汁をブレンダーにかけてピュレ状にしたもの1カップ弱に、米、ハーブ類とにんにく、塩、オリーブオイルを混ぜ合わせてトマトの中に詰める。
4 オイル（分量外）をぬった耐熱皿に3を並べ（詰め物が余っていたら、トマトのまわりに流す）、とっておいたトマトのふたをしてオリーブオイル（分量外）を回しかけ、180℃のオーブンで50分ほど焼く。

*バジルのかわりにイタリアンパセリでもおいしい。

祖母のレシピノート

プラハの大学の教授だった祖母は大変な才女でとても厳格な人だったらしい。父が話す彼女の思い出に甘いほんわかした話はほとんどない。しかしいつもきまって最後に、「でも彼女の料理は素晴らしかった」と言い添える。特にスープはバラエティに富み、天才的だったそうだ。

日本とチェコとに離れていたから私は祖母に一度しか会ったことがない。五歳のときに家族でプラハを訪れ、夏のひとときを山の家で祖父母と親戚と過ごした。私は祖母が野生のラズベリーで作る輝くルビー色のシロップに夢中になり、ともに七夕生まれの祖父と父の誕生日のために彼女が用意した立派な高さのチョコレートケーキに爪の先までうっとりした。

祖父が、続いて祖母が亡くなり、父はこのレシピノートを日本へ持ち帰った。私がチェコ語を理解するようになってからもこのノートは父が大切に保管する父のノートであり続けた。

それから何年か経ち、私がパリに住んで二回目の誕生日に父がこのノートを贈ってくれた。料理人になりたてでとにかく毎日ぼろぼろに疲れきっていた私は、日本からの小包の中に古びた黒い表紙を見つけたとき、認めてくれたようでとにかく嬉しかった。父の温かなエールだったのだと思う。

レシピノートの最初のページ。羽根ペンの文字は曽祖母のもの。
グラーシュの作り方がドイツ語で綴られている。

レシピノートの最初のページには、ハンガリー人の祖父方の曽祖母が羽根ペンのそれはそれは美しい筆記体でグラーシュの作り方をドイツ語で書いている。続くページにはキャベツ入りのグラーシュとパプリカーシュ（パプリカの煮込み）、そして冬の焼き菓子のレシピ。このノートは祖母が祖父と結婚したときにプラハを訪れた曽祖母が、家族に伝わるレシピとともに贈ったものだ。息子とレシピを花嫁に託すなんてなんと素敵だろう。

曽祖母のレシピに続き、祖母は当時の新聞の切り抜きとともにたくさんのレシピを書き込んでいった。とてもモダンで健康への関心が高く、研究熱心な女性だったことがページの端々から伝わってくる。指示が的確な優れたレシピが多く、チェコ料理を作るときは必ずお世話になっている。ノートの三分の一ほどは白いままだが、空白のページに書き込むのはまだだいぶ先のことだろう。私の宝物だ。

リンツの星のクッキー

オーブン180℃　10分

チェコの祖母のレシピノートから。リンツはオーストリアにある街の名前。
片栗粉が入ることで口ざわりが格段に軽くなる。チェコのクリスマスクッキーの定番。

材 料

生地
- 薄力粉 —— 150g
- 片栗粉 —— 100g
- きび砂糖 —— 90g
- バター —— 140g
- 卵黄 —— 1個
- レモンの皮と汁 —— 1/2個分

仕上げ
- 粉砂糖 —— 適量
- ラズベリーのコンフィチュール —— 適量

作り方

1 バターは1cm角に切り、冷蔵庫で冷やしておく。
2 生地の粉類と砂糖をボウルに入れる。バターを加え、手ですり合わせるようにして砂状にする。
3 溶いた卵黄、レモンの汁とすりおろした皮を2に加え、さっくりと混ぜる。生地がまとまってきたらひとまとめにしてラップに包み、冷蔵庫で1時間休ませる。
4 打ち粉（分量外）をした台に生地を取り出し、3mm厚さにのばす。星の抜き型で生地を抜き、オーブンシートを敷いた天板に並べる。半分は小さな星の抜き型で穴をあける。
5 4を180℃のオーブンに入れて10分ほど焼く。
6 ケーキクーラーにのせて粗熱をとり、穴をあけたクッキーには粉砂糖をふっておく。
7 穴のあいていないクッキーにラズベリーのコンフィチュールをのせ、穴をあけたクッキーを重ねる。

ラズベリーのコンフィチュール

材 料
- ラズベリー（冷凍）—— 300g
- きび砂糖 —— 30g
- バニラビーンズ —— 1/2本

作り方

1 鍋にラズベリーと砂糖を入れる。バニラビーンズは縦半分に切り、種をナイフの背でこそげてさやと共に鍋に加え、軽く全体を混ぜる。ふたをして常温で1時間ほど置く。
2 鍋に水分が上がってきたら中火にかける。沸騰したら軽くふつふつする程度の火加減にし、焦がさないように木べらで混ぜながら10分ほど好みの濃度まで煮る。

山の家の思い出

私の生まれた家はプラハにあり、父は建築家、母は大学で語学を教えていた。プラハの家はモダンな建物で、暖房はセントラルヒーティング、たくさんの本に囲まれていた。両親が初めて出会ったのは大学生のとき、山登りの最中だった。彼らは生涯山歩きを愛し、いちばんの大きな喜びだった。

私が三歳のとき、両親は北ボヘミアの小さな山の村に古い空き家を手に入れた。そのときから夏は毎年二ヵ月間、山の家で過ごした。その家の真ん中に古いオーブン付き薪ストーブが置いてあった。私は父と兄と一緒に森に薪集めに行き、古いリヤカーに薪をいっぱいのせて家に持ち帰り、それを父はのこぎりで切って、私たちは斧で割って並べた。

プラハではグランドピアノでショパンを弾く母は、山の家では別人になった。山姥のように家のまわりの土を耕し、夏の野菜畑を作った。近くの森の中には夏になると真っ青なブルーベリーのカーペットが広がった。母は兄と私にピッチャーを持たせ、いっぱいになるまで摘みに行きなさいと言う。一粒は口に、一粒はピッチャーに、いっぱいになる頃には口のまわりが紫色になった。家に帰ると母はこのブルーベリーでとてもおいしいブルーベリーパイを焼いてくれた。

今思えば両親は街と自然の両方でそのコントラストを楽しんでいたのだろう。私は街の文化も好きだったけれど、いちばん幸せな思い出は裸足で草の上を走ったり、森の中のダムで泳いだり。そういう日々を山の家で過ごしていたから、今でも私は山に住み、暮らしている。

（イエルカ）

最初に暮らした大鹿村の山間の集落の家。

バニラの三日月のクッキー

◎オーブン180℃　10分

こちらも祖母のレシピノートから。チェコのクリスマスには欠かせないくるみとバターとバニラの風味豊かなクッキー。10日ほど寝かせるとしっとりとした食感に。

材 料

生地

- 薄力粉 ―― 100g
- 全粒粉 ―― 5g
- 片栗粉 ―― 5g
- くるみ ―― 25g
- きび砂糖 ―― 75g
- バニラシュガー ―― 8g
- バター（食塩不使用） ―― 60g
- 卵黄 ―― 1個

仕上げ

- 粉砂糖 ―― 25g
- バニラシュガー ―― 75g

作り方

1 くるみはフードプロセッサーかすり鉢で細かくする。バターは1cm角に切って冷やしておく。仕上げの砂糖類はボウルに入れて合わせておく。

2 ボウルに生地の粉類、くるみ、砂糖類を入れ、バターを加えて手ですり合わせるようにして砂状にする。

3 卵黄を溶いて2に加え、さっくりと混ぜる。生地がまとまってきたらひとまとめにしてラップに包み、冷蔵庫で2時間休ませる。

4 たっぷりの打ち粉（分量外）をした台に生地を取り出す。好みの大きさのボール状にし、手のひらを使って素早く棒状にして、オーブンシートを敷いた天板の上に三日月形にしながら並べる（焼くと生地が広がるので、1cmほど間隔をあけて並べる）。180℃のオーブンで10分ほど焼く。

5 オーブンから出したクッキーを熱いうちにボウルに入れ、仕上げの砂糖類を全体にまぶす。

バニラシュガー

材 料

- グラニュー糖 ―― 100g
- バニラビーンズ ―― 1本

作り方

1 バニラビーンズの端を切り落とし、さやを6つに切る。

2 グラニュー糖とバニラビーンズをミキサーに入れ、サラサラになるまで攪拌する。

3 目の粗いざるでこし、密閉容器で保存する。

チェコのクリスマス

チェコのクリスマスにクリスマスクッキーは欠かせない。

クリスマスの少し前、十二月六日は聖ミクラーシュの日。天使と悪魔を従えた聖ミクラーシュが家々をまわり、一年間良い子だった子にはお菓子を、悪い子には石炭を配る。この頃からクリスマスクッキーを焼き始める。寝かせることで生地がしっとりとなじみ、よりおいしくなるのだ。少しずつ焼きためて、十種類近く用意してホリデーシーズン中に楽しむほか、手土産にしたり交換したりと、女性たちの腕が鳴る。

リンツの星とバニラの三日月のクッキーは定番中の定番で、父が特に好きなのはリンツの星。白いクッキー生地の中からのぞくラズベリーのコンフィチュールが美しい。バニラの三日月のクッキーはバターのリッチな生地にくるみの風味が加わり食感が楽しい。ポピーシードの甘いペーストを詰めてクッキー生地で包んだ「ハリネズミ」、ココナッツ入りのマカロンのような丸いボール形や、ヘーゼルナッツの入ったボタン型のクッキー、「スズメ蜂の巣」という名前のビスキュイの上にクリームを螺旋状に絞りチョコのコーティングをしたもの、「熊の手」という平たい形のカカオの入ったもの、スパイスのきいたジンジャーブレッド、マジパンベースのものなどもある。どれもデコラティブではないけれどどこかユーモラスで愛らしく、大皿に並んだ姿についつい微笑んでしまう。

クリスマスが近づくと街角に鯉を売るスタンドが立つ。生きたまま買ってバスタブで一週間飼い、イブに新鮮な鯉を料理する。海のない国のご馳走だ。

チェコ式のクリスマスはシンプル。十二月二十四日のクリスマスイブの夕食は鯉のクリームスープ、鯉のフライ、そしてポテトサラダ。二十五日の昼食にはローストした肉やオープンサンドイッチなどのご馳走が並ぶ。

私たちワイン家のクリスマスは近くの山からもみの木を一本選び、チェコの木製のオーナメントを飾る。年によって大きくなったり小さくなったりするけれど、ツリーの上を金銀に輝く流れ星が流れているのは変わらない。チェコのクリスマスキャロルが流れるなか、ご馳走は鯉ではなく海の魚で作り、生牡蠣を食べる。

チェコのクリスマスは日本のお正月のようなもの。クリスマスが近づくと父が張り切りだし、お正月が近づくと母がそわそわし始める。

鶏のロースト

オーブン200℃　50〜60分

人が集まる週末の定番。パリパリの皮としっとりと焼けた身がおいしい。
詰め物をしてクリスマスのご馳走にも。残った骨で作るスープも最高。

材料（5〜6人分）

丸鶏 ―― 1羽（2kgぐらいのもの）
塩 ―― 鶏の重さの1％
黒こしょう ―― 少々
にんにく ―― 1片
オリーブオイル ―― 大さじ3
ローズマリー ―― 3枝

作り方

1 丸鶏の表面と内側にまんべんなく塩こしょうをもみ込み、1時間ほどなじませる。
2 にんにくを薄切りにして、皮と身の間に差し込む。
3 鶏をタコ糸で縛って成形し、腹部が上になるよう焼き皿にのせ、オリーブオイルを皮にぬる。ローズマリーの枝を添える（好みでじゃがいもや玉ねぎを下に敷いても）。
4 200℃のオーブンに入れ、時おり焼き汁をかけながら50〜60分ほど焼く。均一に焼けるよう途中で一度向きを変える。美しい焼き色がついたら焼き上がり。
5 切り分け、焼き汁をかけていただく。オレンジやマヨネーズ、粒マスタードを添えてもおいしい。

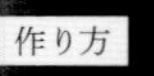

作り方

1 丸鶏の表面と内側に少し多めに塩を振る。
2 ドライアプリコットを小さな容器に入れ、ブランデーを注ぎ、1時間ほど漬け込む。角切りにした食パンを小さなボウルに入れて牛乳を注ぎ、牛乳が染み込むまでしばらくおいておく。
3 フライパンを中火にかけ、ベーコンを入れて軽く色づくまで炒め、取り出す。玉ねぎを入れて透き通るまで炒め、クローブ、シナモンパウダーを加える。粗熱がとれたら大きなボウルに入れる。
4 鶏レバー、ドライアプリコット、食パンほかファルシの残りの材料を3のボウルにすべて加え、手でよく混ぜ合わせて塩と黒こしょうで調味する。
5 丸鶏にファルシを詰め、竹串でお腹を閉じ、タコ糸で成形する。天板にのせて200℃のオーブンで60分ほど、時おり肉汁をかけながら黄金色になるまで焼く。

クリスマスの鶏のロースト

⊡オーブン200℃　60分

肉に肉を詰めるとっておきのご馳走。複雑に高まっていくフランス的おいしさ。

材料（5～6人分）

丸鶏——1羽（2kgぐらいのもの）
塩——鶏の重さの1%

ファルシ（詰め物）
ドライアプリコット（5mm角に切る）——30g
ブランデー——30ml
食パン（1.5cm角に切り、軽く乾燥させる）——30g
牛乳——100ml
ベーコン（細切り）——65g
玉ねぎ（小さめの角切り）——120g
クローブ（粗くつぶす）——2個
シナモンパウダー——2つまみ
鶏レバー（5mm角に切る）——30g
しょうが、にんにく（すりおろす）——各3g
卵——1個
合いびき肉——265g
むき甘栗（割れているもので良い）——65g
オレンジの皮（すりおろす）——2/3個分
キャトルエピス——2g
塩、黒こしょう——適量

プラハ、そしてフランスへ

私は高校時代のことをあまり覚えていない。卒業するまでは日本で暮らすという約束だったから、息を詰めて地元の高校に通い、卒業する日を待ちわびた。自分のもう半分、チェコに恋焦がれていた。

プラハではまず大学付属の語学学校に通い、基礎からチェコ語を学んだ。一年間のコースを終えても日本に戻ることは考えなかった。コースを延長し、チェコ語がでるようになるとチェコの大学に入学を決めた。ボヘミスティカ（チェコ語科）は、日本の国文学科のようなものだろうか。チェコ語の成り立ちや文法、音声学、文学、歴史などを学んだ。大学の窓からはユダヤ人墓地やルドルフィヌム*、プラハ城が見えた。

大学に通い、通訳で生計を立てながらプラハで七年近く過ごすうちに、フランスに興味を持つようになった。プラハは美しいが、冬が長く寒い。もう少し陽気でより広い世界を知りたい気持ちと、フランスの豊富な食材と色彩豊かな洗練された食文化に直接触れてみたくなった。そのころ父のおかげで自然派ワインと出会い、ワイン作りにも興味を持った。

そうして大学を終えた夏、スーツケースに荷物を詰めて（大昔の父と同じように。彼は列車だったけれど）パリ行きのバス

に乗り込んだ。パリの友人宅にお世話になりながら、地方の自然派ワインの生産者に何通も手紙を書き、試飲会に通った。研修生をしながらワイン作りを学びたかったのだがビザの関係で難しく、まずはパリの自然派ワインを扱うレストランで働くことを考えた。幸運なことに素晴らしいワインの作り手が紹介状を書いてくれた。紹介状には錚々たるパリのレストランのリストが添えてあり、この手紙を持って興味のあるレストランに行くようにと書いてあった。どうしても働いてみたい店から試すのは怖くて、ひとまずリストの一番はじめの店を訪れた。その店のシェフは手紙を読むと、いつから働けるかとたずねた。一軒目で採用が決まり、男性だらけの厨房で働き始めた。フランス語も、厨房のしきたりも、ましてやフランス料理のことなど何もわからない。怒鳴られ罵られながら厨房を駆け回りフランス語と基本的な技術を覚えた。この北駅のそばのレストランはブルターニュの料理とジビエが有名だった。秋になると毎日のようにまるごとの獣が厨房に届けられ、それを捌いていく。ブルターニュからの輝くような海の幸もこの店のスペシャリテだった。

土曜の夜のまかないはシャンブルフロア（冷蔵室）の総整理も兼ねている。出てくると一番嬉しかったのが、ハーブの香りをまとったムール貝の包み焼きだった。味がぎゅっと詰まった小ぶりのムール貝は、貝が口を開いたらすぐに食べるのが一番おいしい。加熱しすぎると身が縮み、ぱさついてしまう。これも店のスペシャリテの、神が作ったかのような（実際はアフリカ人のおじさんだったけれど）香ばしいはちみつの味のするパン・ド・カンパーニュをちぎって汁を吸わせ、頬張る瞬間が最高に幸せだった。

＊ルドルフィヌムは1884年に建てられたネオルネッサンス様式のコンサートホール。「芸術家の家」とも呼ばれている。チェコ・フィルハーモニーの本拠地であり、プラハの春音楽祭の会場でもある。

ムール貝の包み焼き

◎オーブン250℃　8分

パリのビストロで働いていた頃の思い出の味。できればムール貝は中型のものを選ぶ。加熱しすぎると身が縮んでしまうので注意。貝のスープをパンに吸わせて、お好みのワインと。

材料（1〜2人分）

活きムール貝 ―― 350g
エシャロット（または玉ねぎ）―― 少々
タイム ―― 1枝
ローリエ ―― 1枚
オリーブオイル ―― 少々
レモンの皮 ―― 少々
ヴィネグレット ―― 少々
イタリアンパセリ ―― 少々

作り方

1 ムール貝の下処理をする。タワシなどで表面の汚れをしっかり取りながら水洗いし、ざるに上げる。貝の外に出ている足糸を、貝の尖っている方と逆に引いて取り除く。
2 アルミ箔を長めに切り、中央部分に15cm幅のアルミ箔を重ねる。アルミ箔を重ねたところに貝を置き、刻んだエシャロット、タイム、ローリエをのせる。オリーブオイルを回しかけ、レモンの皮をすりおろしてふりかける。
3 2のアルミ箔の左右の端を持ち、貝のまわりに少し余裕を持たせるようにして中心で合わせる。穴をあけないよう注意しながら、ふちはぴっちりと折りたたんで包む。
4 3をそっと天板にのせ、250℃のオーブンに入れる。8分ほどで包みがパンパンにふくらんだらできあがり。包みごと深皿にのせ、開いてヴィネグレット少々と刻んだパセリをふりかける。

ヴィネグレット

材料

ワインビネガー ―― 25ml
塩 ―― 5g
ディジョンマスタード ―― 小さじ1
菜種油 ―― 50ml
オリーブオイル ―― 75ml
黒こしょう ―― 少々

1 ボウルにワインビネガーと塩、マスタードを入れ、スプーンなどで軽く混ぜて塩を溶かす。
2 油類を順に少しずつ加えながら泡立て器でしっかり混ぜて乳化させる。黒こしょうをひく。（乳化はハンドブレンダーを使うと簡単にできる）

フランスで覚えた味

フランスでおいしいものはと聞かれたら、パンとチーズとワインと答えたい。橋の下で暮らす人たちも首にスカーフを巻き、パンとチーズをかじりながらペットボトルに入ったワインをがぶ飲みしていた。

朝早く街を歩くとパンの焼ける素晴らしい香りがどこからか漂ってくる。鼻を頼りに歩いて、焼き立てのトラディション（小麦粉、水、塩、酵母で作る伝統的なバゲット）を買い求め、先をかじりながら家に帰る。パン・オ・ショコラや、カタツムリの殻の形の甘いパン・エスカルゴもよく食べた。お気に入りはショッキングピンクの砂糖がけアーモンドが練り込まれたもので、近所にあった「デュ・パン・エ・デジデー（パンと理想）」という店のもの。サクッとした生地とふわふわのブリオッシュとねっとりしたピンクのプラリネが渦になっていて、いかにも艶っぽいパリの味だ。

フランスで暮らすようになり、チーズには旬があることを知った。春先には羊や山羊のチーズ、夏には青草をたっぷり食べた牛のフレッシュチーズやクセのない白カビのチーズ、秋には山のチーズが並び始め、冬にはどっしりした料理に合うウォッシュタイプのチーズやトリュフ入りのものと季節ごとのチーズが店頭に並ぶ。

お洒落で美しく、時に気位の高い友人の母は実に料理上手で、クラシックなフランスの家庭料理を作ってはよく食べさせてくれた。長年の経験とセンスによって無駄を排された料理の数々は、いつもとても魅力的だった。じゃがいもの甘みの際立つ、美しい焦げ目のついた生クリームとコンテとじゃがいものグラタンや、寒い冬の夜のとろけるようなアンディーブ・オ・ジャンボン。熱々の焼き立てを口に含むと、細胞の一つ一つがため息を漏らすようだった。アペリティフのお供のグジェール（チーズ入りの塩味のシュー。彼女は一口大に焼いていた）や日曜日の肉のローストもすべて彼女が教えてくれた。初期のイヴ・サンローランを着こなすあのエレガントな貴婦人は、今どうしているだろう。

パリでは足繁く試飲会に通った。大小いろいろあったけれど、8区の自然派ワイン店の軒先でテーマごとに月に数回開催される試飲会が好きだった。生産者たちが自分のワインを車にのせてパリ入りし、ワイン樽の上にボトルを並べて説明をしながらワインを飲ませてくれる。生産者たちの顔を見ていると、数時間はあっという間だ。好みのワインだと吐き出すことができず、すっかりほろ酔いで帰ることになった。

当時の私の給料は評判の店の食べ歩きに消えていたが、心に残っているのはやはり、こんな日々の味だ。

じゃがいものグラタン

⊡オーブン170℃　50分

じゃがいもとチーズの風味を存分に楽しむシンプルでゴージャスなグラタン。
じゃがいもを下煮することで火の通りがよくなる。木枯らしの吹く夜に、ぜひ。

材料（6人分）

じゃがいも ―― 500g
コンテ（グリュイエールチーズでも）―― 125g
牛乳 ―― 400ml
生クリーム ―― 200ml
にんにく ―― 1片
塩 ―― 適量
黒こしょう ―― 少々
ナツメグ ―― 少々

作り方

1 じゃがいもは皮をむき、1cmの厚さに切る。コンテはすりおろす。
2 鍋に牛乳と生クリームを入れて火にかけてあたため、少し強めに塩をする。つぶしたにんにく、黒こしょう、すりおろしたナツメグ、1のじゃがいもを加えて中火で10分煮る。
3 火からおろして1のコンテ50g分を加え、混ぜながら溶かす。
4 コンテが溶けたらそのまま耐熱皿に流し入れ、残りのコンテを全面にかけて、170℃のオーブンで50分焼く。焼き色が弱ければ最後に温度を上げて焼き色をつける。

アンディーブ・オ・ジャンボン

◎オーブン210℃　20分

フランスで初めてアンディーブを食べたときの感動を思い出す。冷たい風が吹くようになったらぜひ自分や大切な人のために熱々をテーブルに。心がぽっとあたたかくなる。

材料（4人分）

アンディーブ――8個
レモン汁――少々
ハム――8枚

ベシャメル
- バター――40g
- 小麦粉（薄力粉）――40g
- 牛乳――500ml
- 塩――少々
- 黒こしょう――少々
- ナツメグ――少々

チーズ――50g
（グリュイエール、コンテなど。ピザ用チーズでも）

作り方

1 アンディーブはやわらかくなるまで丸のまま蒸して冷まし、水気を切ってからレモン汁少々をふりかける。1個に1枚ずつハムを巻く。
2 グラタン皿にバター（分量外）をぬり、1のアンディーブを並べる。
3 ベシャメルを作る。鍋にバターを入れ、中火にかけて溶かし、小麦粉を一気に入れる。木べらでよく炒め、ふつふつしてきたら冷たい牛乳を一息に加え、泡立て器でかき混ぜながらとろみがつくまで煮る。塩、こしょうで味をととのえ、ナツメグをふる。
4 2のグラタン皿にベシャメルを流し入れ、すりおろしたチーズをふりかける。210℃のオーブンに入れ、焦げ目がつくまで20分ほど焼く。

フェンネルミートボール

⬚オーブン200℃　15分

パリのナチュラルワインバーで働いていた時の人気メニュー。これを目当てに、ほとんど毎日通ってくださったお客様も。フェンネルシードの代わりに刻んだイタリアンパセリを加えても。

材料（16個分）

ミートボールのたね
- 牛赤身ひき肉 ―― 400g
（合いびき肉でも）
- エスプレット唐辛子 ―― 4つまみ
（または旨みの強い唐辛子）
- パルミジャーノ ―― 15g
- レモンの皮 ―― 1/2個分
- ドライアプリコット ―― 30g
（またはレーズン）
- フェンネルシード ―― 4g
- 塩 ―― 3〜4g
- 黒こしょう ―― 少々
- パン粉 ―― 20g
- 卵 ―― 1個

オリーブオイル ―― 適量

ヨーグルトソース
- ヨーグルト ―― 適量
（濃度の高いものか水を切ったもの）
- オリーブオイル ―― 少々
- 塩 ―― 少々

ミント ―― 適量

作り方

1 パルミジャーノをすりおろす。レモンの皮は黄色い部分をすりおろすか包丁でみじん切りにする。ドライアプリコットは細かく刻む。フェンネルシードは色がつかない程度に乾煎りする。

2 ミートボールのたねをすべてボウルに合わせ、軽く粘りが出るまでこねる。

3 手に油（分量外）をつけて好みの大きさに丸め（写真は30g）、オーブンシートを敷いた耐熱容器に並べる。少しのオリーブオイルを回しかけ200℃で15分ほど焼く。

4 ヨーグルトソースを作る。ヨーグルトとオリーブオイルを混ぜ合わせ、塩で味をととのえる。

5 皿にミートボールを盛り付け、ヨーグルトソースとミントを添えていただく。茹でたアスパラガスなどとともに。

＊エスプレット唐辛子は、フランス・バスク地方のエスプレットという村で採れる唐辛子で、AOP認証を受けている。香りがよくて旨みが深く、辛みはそれほど強くない。

グジェール

⚙オーブン190℃　30分

ブルゴーニュ地方の郷土料理でチーズが入った塩味のシュー。小さく一口大に焼いてもよいし、大きくリースのように焼いても華やかで喜ばれる。

材料

コンテ（またはグリュイエールチーズ）――70g
バター（食塩不使用）――50g
薄力粉――75g
卵――2個
水――125ml
塩――2g
粗挽き黒こしょう――適量
ナツメグ――ひとつまみ

作り方

1 コンテをすりおろす。バターは小さな角切りにする。
2 鍋にバター、水、塩、こしょう、ナツメグを入れ火にかける。バターが溶けて沸騰したら鍋を火からおろし、薄力粉をふるい入れる。木べらで手早く混ぜ、均等に混ざったら再び火にかける。
3 鍋の底全体に薄く膜がはったようになるまで、木べらで混ぜながら弱火で加熱する。
4 3をボウルに移す。溶いた卵を3～4回に分けて少量ずつ加えては、木べらでよく混ぜる。
5 コンテを4に加えて混ぜる。オーブンシートを敷いた天板に、生地をスプーンで、輪になるようにのせる。
6 190℃のオーブンに入れ、ふくらんできれいな焼き色がつくまで30分ほど焼く。

グジェールは肉の加工品と相性が良い。写真は横半分に切ってリエットを塗っているところ。サラミを添えても。

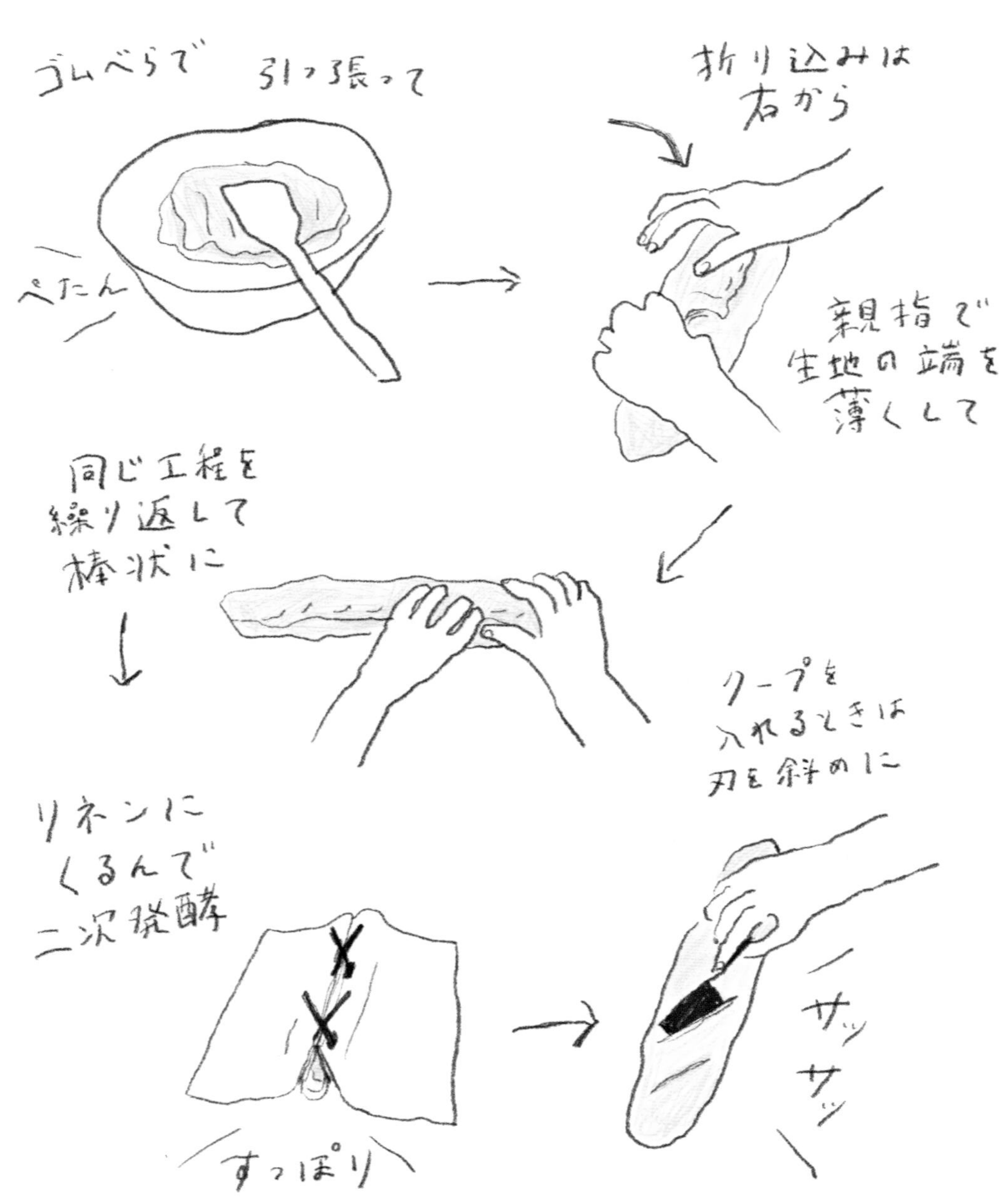
ゴムべらで
引っ張って
ぺたん
折り込みは
右から
親指で
生地の端を
薄くして
同じ工程を
繰り返して
棒状に
クープを
入れるときは
刃を斜めに
リネンに
くるんで
二次発酵
すっぽり
サッ
サッ

バゲット

◇オーブン250℃　20分

パリの早朝、鼻を頼りにパン屋を探した。自宅でバゲットを焼くことができたら素敵だと思いませんか？　焼いているあいだの芳しい香りもご馳走。

材料（1本分）

強力粉 ―― 250g
インスタントドライイースト ―― 2g
塩 ―― 4g
ヨーグルト ―― 60g
水 ―― 150ml

作り方

1 ボウルに強力粉とドライイースト、塩を入れ、泡立て器でざっと混ぜてから中央にくぼみを作る。
2 別のボウルにヨーグルトと水を入れて泡立て器でかき混ぜる。
3 1の粉のくぼみに2を入れ、ゴムべらで中央から粉を混ぜていき、粉っぽさがなくなるまで混ぜる。ラップをして20分休ませる。
4 ゴムべらで生地の端を引っ張っては折りたたみ空気を抜いていく。ラップをしてさらに20分休ませる。
5 4と同様の作業をもう一度繰り返し、生地が2倍にふくらむまであたたかい場所（30℃くらい）で一次発酵させる。
6 厚手のリネン（パンマット）に打ち粉（分量外）をして、長方形になるように生地を置く。奥から三つ折りにして指で生地の厚さをととのえながら手早くガス抜きする。ラップをかけて15分休ませる。
7 生地の手前を親指で薄くし、上から1/3を折り込む。さらに上から半分に折り込んでしっかり生地を綴じる。両手で転がして形と長さをととのえる。
8 厚手のリネンに再び打ち粉をして、綴じ目が下になるように生地をのせる。両端をクリップで留めて包み、20分ほど室温において二次発酵させる。
9 天板にオーブンシートを敷き、生地をのせる。全粒粉またはライ麦粉（分量外）を茶こしでふり、クープを入れ、250℃のオーブンに入れて20分焼く。入れるときと10分経過時の2回、たっぷりと霧吹きで水を吹くとよい。

＊クープは、生地に対してかみそりの刃を斜めにあてると入れやすい。

モワルー・オ・ショコラとカスタード

⊡オーブン210℃　10分

とろっと溶け出る舌の焼けそうなチョコレートと安定のカスタード。舌にねっとりと絡みつく官能的な味。赤ワインともよく合う。生地に柑橘のピールやさくらんぼジャムを加えても。

材料（100ccのプリン型5個分）

- ビターチョコレート —— 120g
- きび砂糖 —— 60g
- バター（食塩不使用） —— 120g
- 全卵 —— 3個
- 卵黄 —— 1個
- ラム酒 —— 10ml
- 薄力粉 —— 30g

作り方

1. バターは1cm角に切って常温に戻しておく。チョコレートは粗く刻む。薄力粉はふるっておく。
2. プリン型にバター（分量外）をまんべんなくぬり、少量の薄力粉（分量外）をはたく。型を軽くたたいて余分な粉は落とす。
3. ボウルにチョコレートを入れ、湯煎して溶かす。砂糖を加えて泡立て器で混ぜ、バターを加えてなめらかになるまで混ぜる。
4. ボウルを湯煎から外し、溶いた全卵と卵黄、ラム酒を加えて混ぜ、薄力粉を加えてなめらかになるよう混ぜ合わせる。
5. 4を型に流し込み、210℃のオーブンに入れて10分焼く。
6. 型から外して温かいうちに冷たいカスタードソースやラズベリーのコンフィチュール（31ページ）、シャーベットなどを添える。もちろん冷たくてもおいしい。

カスタードソース

材料

- 卵黄 —— 3個
- きび砂糖 —— 35g
- 生クリーム —— 80ml
- 牛乳 —— 70ml
- バニラビーンズ —— 1/3本

＊冷蔵庫で保存し、2日以内に食べきる。

作り方

1. ボウルに卵黄と砂糖を入れ、色が薄くなりふわっとするまで泡立て器でかき混ぜる。
2. 鍋に生クリームと牛乳、バニラビーンズの種と種を取った後のさやを入れて弱火にかけ、鍋のふちに小さな泡がふつふつとたってきたら火からおろす。
3. 1のボウルに2を少しずつそそぎ、そのつど泡立て器でよく混ぜる。
4. 鍋にもどしてごく弱火にかける。底面の加熱が進んでしまわないようにたえずゴムべらでかき混ぜ、艶が出てぽったりしてきたら火からおろす。容器に移して冷ます。

レモンタルト

⊡オーブン170℃　10分／180℃　10分

**フランス人にとって、レモンタルトもプルーストのマドレーヌのような存在だと思う。
レモンの代わりにライムで作っても爽やかでおいしい。**

材料（8.5cmのタルトリング6個分）

タルト生地
- 強力粉 —— 200g
- 塩 —— ひとつまみ
- バター —— 100g（食塩不使用）
- 卵 —— 1個（小ぶりのもの）
- きび砂糖 —— 95g

フィリング
- きび砂糖 —— 65g
- 卵 —— 1個
- レモンの皮 —— 1/2個分
- レモン汁 —— 50ml
- バター（食塩不使用）—— 13g
- アーモンドパウダー —— 15g
- コーンスターチ —— 7g

仕上げ
- 粉砂糖 —— 少々
- 生クリーム —— 100ml
- 砂糖 —— 17g
- ピスタチオ —— 適量

作り方

1 タルト生地を作る。強力粉をボウルにふるい入れ、塩を加える。1cm角にカットしたバターを加え、手ですり合わせるようにして砂状にする。中央にくぼみを作っておく。

2 別のボウルに卵と砂糖を入れて、泡立て器でふわっとするまで混ぜる。**1**のボウルのくぼみに流し入れてさっくりと混ぜる。

3 生地がまとまってきたらひとまとめにしてラップに包み、冷蔵庫で2時間以上休ませる。

4 天板にオーブンシートを敷き、タルトリングを置く。タルトリングに合わせてオーブンシートを丸く切っておく。

5 打ち粉（分量外）をした作業台に生地を取り出し、3mm厚さにのばし、直径12cmの丸型で抜く。

6 **5**の生地をタルトリングの上にのせ、指先でタルトリングの内側に沿って敷き込み、はみ出した生地はナイフで切り落とす。フォークで生地の表面をところどころ刺しておく。

7 生地の上に丸く切っておいたオーブンシートをのせてタルトストーン（豆などで代用可能）などの重石をのせる。170℃のオーブンに入れ、10分焼く。取り出してストーンと丸いオーブンシートを外し、ケーキクーラーの上で冷ます。

8 フィリングを作る。ボウルに砂糖と卵を入れ、白っぽくふわっとするまで泡立て器で混ぜる。すりおろしたレモンの皮と、レモン汁を加える。

9 小鍋にバターを溶かし、粗熱をとってから**8**に加えてよく混ぜる。さらにアーモンドパウダーとコーンスターチを加え、ダマにならないよう混ぜる。

10 **7**のタルト台に**9**を流し込み、180℃で10分焼き、同様に冷ます。冷めたら粉砂糖をふる。仕上げに、砂糖を入れてしっかりと泡立てた生クリームをスプーンですくってのせ、上から刻んだピスタチオを散らす。

レモンタルトにいちごと花びらをのせて

ラズベリーなど好みのベリーをいくつか組み合わせても。
重なり合う香りを楽しむ華やかなタルト。

ヴァリエーション

直径16cmのタルト型で同様に焼き、
冷めてからローズシロップで
和えたいちごをのせ、
食用の花とピスタチオを飾る。

野性と洗練のシチリア

ある冬の終わり、雪降るトリノからアーモンドやレモンの花が咲き誇る美しい地への特急列車に乗った。旅の目的はただ一つ、新しい味に出会うこと。イタリア料理は郷土色がとても強く、土地ごとにまったく異なる個性を持つ。それまで北イタリアで過ごした私は、南の味に胸を高鳴らせていた。

列車はシチリア島の東にある、島で二番目に大きな街カターニアに着いた。活発なエトナ火山が、まるでパリのエッフェル塔のように、ふとした隙に目に飛び込んでくる。シチリア最大の魚市場の朝は圧巻で、端から端まで見渡す限りの男たちが皆口々に客寄せの叫びを上げていた。新鮮な魚介を目の当たりにし、台所を持たないホテル住まいが心から悔しかった。

この街で、「聖アガタの乳房」という名前の不思議なお菓子を食べた。見た目は名前の通り、小ぶりの半球形のケーキに白いアイシングがかかっていて、中央に真っ赤なドライチェリーがのっている。触ると固いけれど、フォークを入れると緑のマジパンととろりとした羊乳のリコッタのクリームがあらわれる。それほど甘くなくて羊の乳のかすかな香りとビターアーモンドの香りが同時に口の中に広がり、直接的な見た目とは裏腹に味のバランスが絶妙だ。

カターニアからチョコレートの街モディカ、ラグーザ、パレルモ、トラパニと廻り、本当にいろんなものを食べたが、南部の街ラグーザ郊外の小さな村のリストランテが特に忘れられない。

土地のおいしい豚肉と炭火料理がこの店のスペシャリテで、自家製のサラミや豚のゼリー寄せ、レーズンの入ったほうれん草のオイル蒸し煮、豚を煮たトマトソースのリゾットやラビオリ、豚のローストを食べた。

しかしなんといっても前菜の茄子が素晴らしかった。スライスした茄子を直火でゆっくり焼き、生のオレガノ、オレンジの皮、辛くない唐辛子、レモン汁、オリーブオイルで和え、お酢が効いている。炭火でじっくりと焼いた茄子はスモーキーでしっとりとしていて驚くほどの存在感だった。ありふれた材料なのに、こんなに食べた人の心を打つのは調味料としての火の力だろうか。

州都パレルモは没落した貴婦人を思わせる。地理的な要因と複雑な歴史的背景からアラブ、アフリカ、フランス、イタリア、ギリシャと多様な文化が入り混じり、面白い組み合わせの料理に進化を遂げた。ピスタチオやアーモンド、柑橘、フェンネルなどの香辛料をふんだんに使い、カジキマグロなどの塩焼きに美しい紫色のアグロドルチェを添える。オレンジとタコのサラダも、野生のフェンネルとイワシのパスタも、ジャスミンで香り付けした牛乳のジェラートやビターアーモンドミルクもどれも異国の味がした。

野性的で時に華やか、そしてどこか洗練されているのが私にとってのシチリアの味だ。

イワシと赤玉ねぎのアグロドルチェ

シチリアの風が吹き込む一皿。イワシとフェンネルの組み合わせはシチリアそのもので、野生のフェンネルの鮮烈な香りを忘れることができない。玉ねぎのアグロドルチェは魚全般と相性良し。

材料

オーブン180℃　10分

イワシ ―― 12尾
塩 ―― 少々
フェンネルシード ―― 少々
オリーブオイル ―― 少々
赤玉ねぎのアグロドルチェ ―― 下記全量

作り方

1 イワシは手開きにする。身を上にしてまな板に置き、塩をごく少量ふる。フェンネルシードを指で軽くつぶしながらふりかける。
2 尻尾の方に向けてくるくると巻き、楊枝で2カ所ほど留めておく。
3 オーブンシートを敷いた天板にのせ、オリーブオイルをふりかけて180℃で10分ほど焼く。
4 皿に盛り、アグロドルチェを添える。

赤玉ねぎのアグロドルチェ

材料

赤玉ねぎ ―― 200g（中1個）
オリーブオイル ―― 大さじ2
白ワインビネガー ―― 50ml
白砂糖 ―― 大さじ1
塩 ―― 1.5g

作り方

1 赤玉ねぎは縦半分に切り、繊維に沿って5mm幅の薄切りにする。
2 フライパンにオリーブオイルを熱して赤玉ねぎを入れ、焦がさないよう注意しながらしんなりするまで炒める。
3 ワインビネガー、砂糖、塩を加えて水分がなくなるまで炒め、火からおろす。
4 粗熱がとれたら容器に移し、冷蔵庫で冷やす。

＊焼いた肉や魚の付け合わせに。チーズや生ハムと。パンにのせてもおいしい。
＊冷蔵庫で1週間ほど保存可能。

ピエモンテ、貴族と農民の料理

ピエモンテの料理はフランス料理との共通点がとても多い。イタリアとしては珍しくバターやチーズをふんだんに使い、複雑なソースを作り、生肉を食べる。サヴォイア家が統治した時代の名残りなのか、菓子の種類が豊富で、言葉もどこかフランス語に近い。トマトを使わない白いイタリア料理と出会ったのもこの州だ。

私が働いていたリストランテのあるランゲ地方では、バローロやバルバレスコなどのグラマラスなワインが作られ、秋には白トリュフが採れる。小さな村の周辺は見渡す限り葡萄畑かヘーゼルナッツ畑だ。

良質な赤身のピエモンテ牛のフィレ肉を刻み、レモンとオイルと塩で味付けしたカルネクルーダも、サルシッチャ・ディ・ブラという渦状のソーセージも生で食べるが、これが実においしい。サルシッチャをぷつんと噛むと、雲のようにふわっとした新鮮な仔牛の挽肉が喉を通り抜け、後から深い旨みが広がっていく。

フォンティーナチーズと生クリームで作るフォンドゥータというチーズソースは秋から冬にかけての定番で、ニョッキやパスタのソースとしても使うし、焼きオムレツに添えたり、チーズフォンデュのように食べてもいい。スープ皿によそって黄身を浮かべ、トリュフをふりかけると最高に贅沢なひと皿になる。

アーモンド菓子のアマレッティはそのまま食べてもおいしいけれど、ドルチェの材料としても使われる。ボネというカカオ味の不思議な食感の焼きプディングの生地や、桃の季節には種を抜いた桃のくぼみに詰めて焼く。

隣接するリグーリア州から海と山の物々交換で届いた油漬けのマグロやアンチョビを使ったトンナート（ツナソース）とバーニャカウダも、ピエモンテを代表する料理だ。ある星付きのレストランでバーニャカウダと生の菊芋との組み合わせを食べたときは驚いた。

パプリカもよく食べる。オーブンでローストして皮をむいた肉厚のパプリカは適度に水分が抜けて旨みが凝縮され、焼く前とはまったく別物だ。パプリカの中に詰め物をしたり、マリネ、茹でた肉に添える赤いソースや冷たいスープなど、さまざまな使い方をする。

カルピオーネという農民の料理がある。揚げた川魚や肉をセージとともにお酢の効いた液に漬け込むのだが、素揚げのズッキーニや目玉焼きを入れることもある。熱い夏に農作業から帰り、壺に入ったひんやりしたカルピオーネをつまむのは至福だったと昔を懐かしむ老婦人に聞いた。貴族文化を感じさせる豪奢（ごうしゃ）な料理が多い土地だが、心惹かれたのはこういった素朴な農民の料理だった。

ズッキーニのスフォルマートとフォンドゥータ

ピエモンテの夏に一番食べていたのがズッキーニとセージ。ズッキーニは火をしっかり入れると青臭さが飛んでとてもおいしくなる。フォンドゥータはニョッキのソースにも。

材料（100ccの耐熱カップ4個分）　　オーブン200℃　10分

ズッキーニ ―― 500g
セージの葉（ドライでも） ―― 8枚
にんにく ―― 1片
オリーブオイル ―― 適量
卵 ―― 3個
塩 ―― 少々

フォンドゥータ
　パルミジャーノ ―― 60g
　（またはコンテやグリュイエール、フォンティーナ）
　生クリーム ―― 80g

作り方

1 耐熱カップにバター（分量外）をぬる。セージを粗いみじん切りに、にんにくはみじん切りにしておく。
2 ズッキーニは粗いおろし金ですりおろし、セージを加える。
3 フライパンに多めのオリーブオイルを入れ、にんにくとズッキーニを炒める。火が通って水分がほとんどなくなってきたら塩を加えて火からおろし、ボウルに移して冷ましておく。
4 3の粗熱がとれたら卵を加え、よくかき混ぜる。味をみて塩が足りなければ加える（フォンドゥータの塩味が加わるので、少し控えめにしておく）。耐熱カップに流し入れ、200℃のオーブンに入れて10分ほど焼く。
5 焼いている間にフォンドゥータを作る。パルミジャーノをすりおろす。鍋に生クリームとパルミジャーノを加え、ごく弱火にかける。泡立て器でたえずかき混ぜ、チーズが溶けてなめらかなソースになったら火からおろす。
6 焼き上がった4を耐熱カップから外して皿に盛り、まわりにフォンドゥータを注ぐ。

焼きパプリカを使った料理

焼きパプリカ

◇オーブン200℃　35分

材料

パプリカ ―― 適量

作り方

1 パプリカを丸ごと天板の上にのせ、200℃のオーブンで35分ほど焼く。途中で何回か返し、全体に焦げ目がつくようにする。
2 オーブンから取り出し、熱いうちに密封できる袋などに入れる。
3 20分ほどしたら皮をむき、種を取る。

パプリカのトンナート

トンナートはツナとマヨネーズ、アンチョビ、ケッパーで作ったピエモンテの伝統的なソース。仔牛肉と合わせることが多いが、パプリカのローストとの相性もとてもいい。

材料（3人分）

焼きパプリカ ―― 3個

トンナート
- ツナ（汁を切って正味）―― 110g
- 塩漬けケッパー ―― 20粒
- アンチョビ ―― 2枚
- 固ゆで卵 ―― 1個
- レモンの果汁と皮 ―― 1/3個分
- オリーブオイル ―― 大さじ1
- マヨネーズ ―― 大さじ1

仕上げ
- オリーブオイル ―― 適量
- 塩漬けケッパー ―― 適量
（または酢漬けケッパー）

作り方

1 焼きパプリカの皮をむき、種を取って冷蔵庫で冷やす。ツナの汁や油を軽く切る。塩漬けケッパーは水につけて軽く塩抜きする。ゆで卵の殻をむく。レモンの皮の黄色い部分をすりおろすか細かく刻む。
2 トンナートのすべての材料をブレンダーかフードプロセッサーにかけ、少し固めのもったりとしたピュレ状にする。なめらかになったら冷蔵庫で冷やす。
3 パプリカを皿に並べ、トンナートを広げる。オリーブオイルをたらしてケッパーを散らす。

焼きパプリカを使った料理

パプリカのパッサート

ローストしたパプリカを贅沢に使ったスープ。キンキンに冷やして前菜として少量出すのも良い。パッサートは裏ごししたものという意味。

材料 (3人分)

焼きパプリカ ―― 3個
じゃがいも ―― 中1個(約100g)
にんにく ―― 1/2片
水 ―― 300ml
塩 ―― 4g
きび砂糖 ―― 2g
ワインビネガー(色はお好みで) ―― 2g
黒こしょう ―― 適量
オリーブオイル ―― 適量

作り方

1 焼きパプリカの皮をむき、種を取る。焼き汁があれば取っておく。じゃがいもの皮をむいて5mm厚さに切る。にんにくは薄切りにする。
2 鍋にオリーブオイル少々(分量外)を入れて火にかけ、にんにくを加える。香りがたったらじゃがいもを加え、油をからめてから水を入れて中火で煮る。
3 じゃがいもがやわらかくなったら火からおろし、パプリカと焼き汁を加えてハンドブレンダーでピュレ状にする。
4 塩、砂糖、ワインビネガーで調味し、食べる前に黒こしょうをふってオリーブオイルをかける。冷たくしてもおいしい。

パプリカのマリネ

おいしい酢を使うと、とびきりの味に。私はSIRKというワインビネガーを愛用している。そのままはもちろんカリッと焼いたパンにのせて、オイルを垂らせば幸せなワインのアテに。

材料

焼きパプリカ ―― 適量
塩 ―― 少々
ワインビネガー ―― 少々
オリーブオイル ―― 適量
タイム(またはイタリアンパセリ) ―― 少々

作り方

1 焼きパプリカの皮をむいて種を取り、四つ割りにして、皿に並べる。
2 塩、ワインビネガー、オリーブオイルをふり、タイムの葉を散らす。

写真は焼きパプリカにバーニャカウダをかけたもの。

バーニャカウダ

⊡オーブン200℃　40〜50分

「温かいお風呂」という意味のピエモンテの冬の郷土料理。私の作り方は自己流で、ローストしたにんにくを使う。冬の空気を吸った、味の凝縮された野菜とともに食卓の主役に。

材料

にんにく——1玉
アンチョビ——6枚
オリーブオイル——100ml

作り方

1 にんにくは皮ごと焼き皿にのせ、200℃のオーブンに入れて中身がやわらかくなるまで40〜50分焼く（焦がさないよう注意する）。皮をむいて中身を取り出しておく。
2 小鍋にオリーブオイルとアンチョビを入れて弱火にかける。アンチョビが溶けたら火からおろし、にんにくを加えてハンドブレンダーでピュレ状にする。
3 食べるときはあたためて、生の菊芋のほか蒸した野菜、焼きパプリカ、パンなどとともにいただく。

＊写真は、皮をむき食べやすい大きさに切った菊芋とともに。
＊密閉容器に入れて冷蔵庫で2週間ほど保存可能。

ペポーゾ

オーブン160℃　3時間

トスカーナの郷土料理。その昔、レンガを焼く職人たちが食べていたといわれる。牛肉の安価な部位をたっぷりの黒こしょうと赤ワインで水を一滴も入れず、じっくり煮込む。

材料（7～8人分）

- 牛スネ肉 ―― 1kg
- 赤ワイン ―― 1200ml
  （辛口で果実味がしっかりあるもの）
- 粗挽き黒こしょう ―― 16g
- 塩 ―― 適量
- にんにく ―― 3片
- 玉ねぎ ―― 中1個
- セージ（ドライ） ―― 1g
- ローズマリー ―― 1枝

作り方

1 牛スネ肉を少し大ぶりの一口大に切る。にんにくは縦半分に、玉ねぎは細かいみじん切りにする。
2 すべての材料をオーブン対応の鍋に入れ（塩はこの段階では控えめに）、2時間から一晩マリネする。
3 鍋を火にかけ、沸騰させる。火からおろしてふたをし、160℃のオーブンに入れ、肉がやわらかくなるまで3時間ほど煮込む。
4 皿によそい、じゃがいものピュレを添えていただく。

＊翌日のほうが味がなじんでおいしい。

じゃがいものピュレ

材料

- じゃがいも ―― 600g
- 水 ―― 適量
- 塩 ―― 5g
- バター ―― 40g
- 生クリーム ―― 140ml
- 牛乳 ―― 30ml

作り方

1 じゃがいもは皮をむき、一口大に切る。鍋に入れ、じゃがいもの1cm上くらいまで水を注ぎ、塩を加えて火にかける。沸騰したら火を弱めてじゃがいもがやわらかくなるまで中火で茹でる。
2 じゃがいもの茹で汁を切り、熱いうちにマッシャーでつぶすか裏ごしして鍋にもどし、バターと混ぜる。
3 中火にかけて生クリームと牛乳を加え混ぜ、必要であれば塩（分量外）で味をととのえる。あっさり仕上げたい場合は生クリームを減らして牛乳を増やす。

洋梨と豚のアリスタ

🔲オーブン200℃　20分

アリスタはイタリアのローストポークのこと。肉に切り込みを入れ内側からもハーブの香りを染み込ませる。祝いの食卓にふさわしい料理。

材料

豚肩ロースかたまり肉 ―― 300g

ハーブミックス
- セージ（葉）―― 4枚
- ローズマリー（生）―― 1g
- にんにく ―― 1/2片
- 塩 ―― 2g

洋梨 ―― 1個半
塩 ―― 3g（肉の重さの1%）
黒こしょう ―― 適量
オリーブオイル ―― 適量
白ワイン（辛口）―― 50ml

作り方

1 ハーブミックスを作る。セージ、ローズマリー、にんにくはみじん切りにし、塩と混ぜる。
2 洋梨は皮をむき、縦4等分にして芯を取る。
3 豚肉は細身のナイフで3カ所穴をあけてハーブミックスを詰め、塩と黒こしょうをまんべんなくすりこむ。
4 フライパンに少量のオリーブオイルを入れ、火にかける。脂身の少ないところから焼き始め、脂身、側面と順に焼き色をつけていく。
5 肉をフライパンから取り出し、残った肉汁に白ワインを入れて少しだけ煮詰める。
6 耐熱容器に肉と洋梨を入れ、5の肉汁をかけてオーブンに入れ、200℃で20分焼く。
7 焼けたら肉を取り出し、アルミホイルに包んで30分休ませる。
8 肉を切り分け、洋梨を添え、焼き汁をかける。

アマレッティとボネ

◎オーブン180℃　25〜30分

アマレッティは北イタリアの焼き菓子。ボネはアマレッティを使ったピエモンテ州のカカオ風味のプディング。ねっとりとした食感とビターアーモンドの風味がたまらない。

材料（100ccの耐熱プリン型6個分）

牛乳 ―― 250ml
アマレッティ ―― 75g
卵黄 ―― 3個
砂糖 ―― 30g
カカオパウダー ―― 30g

キャラメル
　グラニュー糖 ―― 50g
　水 ―― 50ml

作り方

1 キャラメルを作る。グラニュー糖全量と水の半量を小鍋に入れ、火にかける。色づいてきたら鍋をゆすり、ほどよく焦げたら残りの水を加える。とろっとしてきたら火からおろし、熱いうちに型に流し込む。
2 ボウルに牛乳、アマレッティ、卵黄、砂糖、カカオパウダーを入れ、ブレンダーでなめらかな液状にする。
3 キャラメルを入れた型の6分目まで2を流し入れる。お湯を張った天板にのせて180℃のオーブンに入れ、25〜30分焼く。

アマレッティ

材料　約25個分（190g）

アーモンドパウダー ―― 105g
グラニュー糖 ―― 80g
アーモンドエッセンス ―― 16滴（ビター）
卵白 ―― 40g（約1個分）

作り方

1 ボウルにアーモンドパウダーと砂糖とアーモンドエッセンスを合わせ、泡立て器でざっと混ぜる。
2 別のボウルで卵白を逆さにしても落ちないくらいしっかり泡立て、2回に分けて1に加え、そのつどゴムべらでざっくりと混ぜる。
3 10gずつのボール状に手で丸め、オーブンシートを敷いた天板にのせる（成形するときは触りすぎないように）。150℃のオーブンで30分焼く。

ヨーグルトケーキ

🔲オーブン180℃　35～40分

なんとも懐の深いレシピで、何を加えても受け止めてくれる。少しだけ残ったジャムやクッキーのかけら、旬の果物、どれもおいしくなる。簡単にできるので子供のお菓子作りにも。

材料（22×11×6cmのパウンド型1個分）

薄力粉 ―― 150g
ベーキングパウダー ―― 5g
ヨーグルト ―― 95g
植物油
（太白胡麻油、ピーナツ油、オリーブオイルなど）―― 75ml
きび砂糖 ―― 120g
バニラエッセンス ―― 10滴
卵 ―― 2個
塩 ―― ひとつまみ

作り方

1 ケーキ型にバター（分量外）をまんべんなくぬり、全体に薄力粉（分量外）をはたいておく。余分な粉は軽く叩いてふるい落とす。
2 薄力粉とベーキングパウダーは合わせてふるっておく。
3 ボウルにヨーグルト、油、砂糖、バニラエッセンス、卵、塩を入れて泡立て器でよく混ぜ合わせる。2の粉を加えてよく混ぜ、ケーキ型に流し入れたら5cmくらいの高さから2回、ストンと落として空気を抜く。すぐに180℃のオーブンに入れて35～40分焼く。
4 竹串を刺して生地がつかなくなったら焼き上がり。

＊季節の果物や砕いたクッキー、チョコレート、ナッツなどを入れて焼いてもおいしい。加える油やスパイスによって味の印象がガラッと変わるので、ぜひ好みの味を探してください。

イエルカとラザニア

イエルカに何が食べたいか訊ねると、たいてい「ラザニア」と答える。私のラザニアは手打ちのパスタ生地と、ひき肉、玉ねぎ、ハーブの入ったトマトソース、そしてチーズ。ベシャメルの代わりにヨーグルトを入れるからそんなに手間はかからないのに、作るぞ！　という気合いが必要だ。だからイエルカはいつもラザニアに憧れている。歳を重ねると子供の頃の味が恋しくなるというが、自分のことを振り返ってみてもそうかもしれない。ラザニアはチェコ料理ではないけれど、ヨーロッパの味に焦がれているのだ。

またせっせとラザニアを作ろう。異国に暮らすイエルカのために。

（悦子）

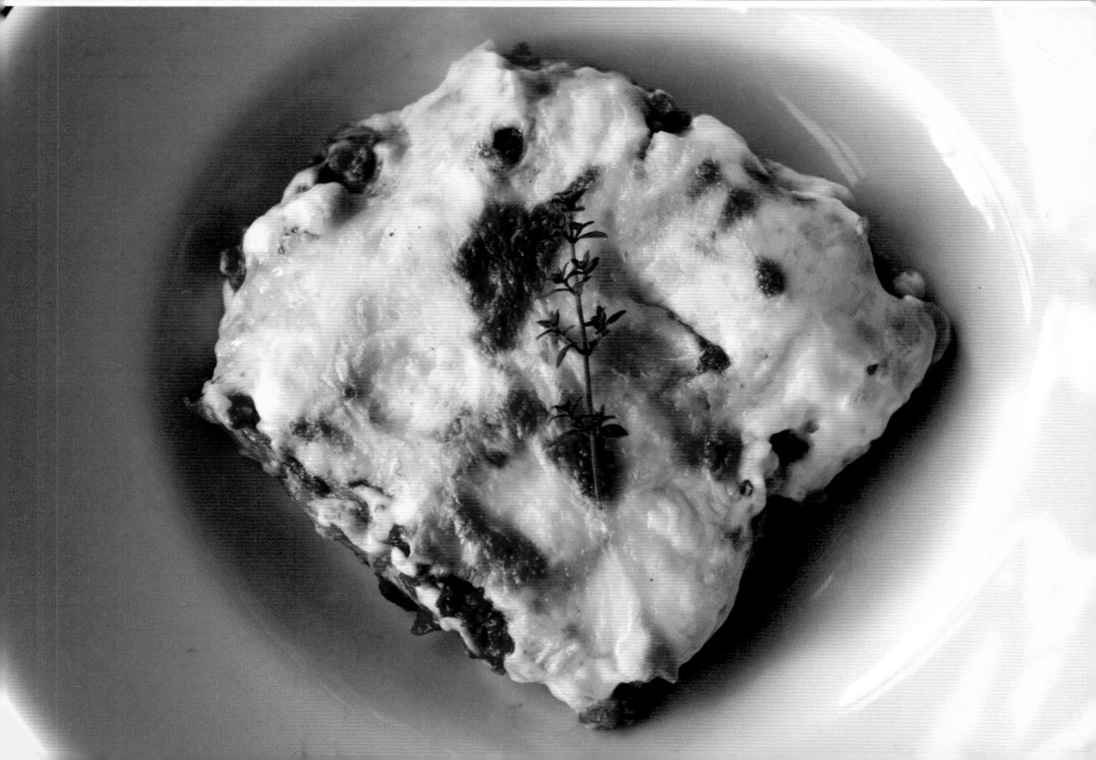

ラザニア

⊡オーブン200℃　20分

世界中で食べたどのラザニアよりも、長野県上伊那郡中川村で食べたラザニアが一番と父。時間と気持ちに余裕があれば、パスタも手作りするとよりご馳走になる。

材料（21×21cmの耐熱深皿1つ分）

ラグー

- 牛赤身ひき肉 —— 250g
- 玉ねぎ、人参、セロリ —— 各50g
- にんにく —— 1/2片
- オリーブオイル —— 大さじ1.5
- 塩 —— 小さじ2/3
- 赤ワイン（辛口） —— 150ml
- トマト水煮 —— 400g
- オレガノ —— 1g
- ローリエ —— 1/2枚
- ナツメグ、黒こしょう —— 各少々

ベシャメル

- バター（食塩不使用） —— 60g+5g
- 強力粉 —— 75g
- 牛乳 —— 900ml
- 塩 —— 3g
- ナツメグ、黒こしょう —— 各少々

パルミジャーノ（すりおろす） —— 20g
乾燥ラザニア —— 8枚

作り方

1 ラグーを作る。玉ねぎ、人参、セロリ、にんにくをみじん切りにする。鍋に刻んだ野菜とオリーブオイル、塩を入れ、弱めの中火にかける。焦げないように時おりかき混ぜ、ふたをしてじわじわ汗をかかせながら炒める。

2 玉ねぎが黄金色になったらふたを取り、ひき肉を加えて強火で炒める。肉に火が通ったら赤ワインを加え、かき混ぜながら強火でアルコール分を飛ばす。水分がなくなったら、手で崩したトマト水煮、オレガノ、ローリエ、ナツメグ、黒こしょうを加え、火を弱めて煮詰める。かき混ぜた時に鍋底にあとがはっきりつく程の濃度になったら火からおろす。

3 ベシャメルを作る。別の鍋にバター60gを入れ、中火にかける。バターが溶けたら強力粉を加え、木べらで混ぜながら3分ほど炒める。火からおろし、冷たい牛乳を一気に加えて泡立て器でよくかき混ぜる。再び火にかけて泡立て器で混ぜ、とろみがついたら火からおろし、塩、ナツメグ、黒こしょう、バター5gを加える。

4 耐熱皿に少量のラグーを入れて広げ、乾燥ラザニア2枚をのせる。さらにラグーの1/4量を広げ、ベシャメルの1/4量を入れ、パルミジャーノ1/4量をふる。再び乾燥ラザニア2枚をのせ、同様に繰り返し、最後にパルミジャーノをふり、20分置いてなじませる。

5 200℃のオーブンに入れ、20分焼く。焼き色が足りなければ最後に220℃で5分焼く。

ピザ

オーブン250℃　10分

来客があるたびに母が焼き続けてきたピザ。性別や年齢を問わず、誰もが喜ぶ華やかさがある。トッピングの世界は無限に広がる宇宙。

材料（46×25cmの天板約1枚分）

生地
- インスタントドライイースト——4g
- 砂糖——5g
- ぬるま湯——150ml
- 強力粉——200g
- 全粒粉——50g
- 塩——4g
- オリーブオイル——大さじ1

具
トマト、モッツァレラ、アンチョビ、バジルなどお好みのものを

作り方

1 ボウルにドライイースト、砂糖、ぬるま湯を入れて泡立て器でかき混ぜる。

2 1に粉類を加えて手ですり合わせるように混ぜ、ぽろぽろになったら塩とオリーブオイルを加える。まとまってきたら台の上に取り出し、手の付け根で押し出すようにして、表面がベタつかずまとまるまで3分ほどこねる。30℃くらいのあたたかい場所に置き、ラップをかけて発酵させる。

3 生地が2倍にふくらんだらピザの枚数に分け、ボール状に丸める。ラップをかけてさらに1時間ほどあたたかい場所で二次発酵させる。

4 オリーブオイル（分量外）をぬった天板に軽く打ち粉（分量外）をして生地をのせ、好みの厚さにのばす。好みの具をのせて250℃のオーブンで10分ほど焼く。

◎ワイン家の定番ピザメニュー
- トマトソース、モッツァレラ、バジル、塩、オリーブオイル(+ミニトマトくし切り)
- トマトソース+にんにく、アンチョビ、ケッパー、黒オリーブと唐辛子輪切り、チーズ
- オリーブオイルににんにくすりおろしと塩こしょう、モッツァレラ、トマト半月切り
- 洋梨、ゴルゴンゾーラ、焼き上がりにフレッシュなルッコラを添えて
- 菜の花、モッツァレラ、サルシッチャ
- くたくたに炒めた玉ねぎに塩少々砂糖ひとつまみ、アンチョビ、黒オリーブ、オレガノなど

トマトソース

缶のホールトマトを手でつぶし、ヘタなどの硬い部分を取り除いて塩とオリーブオイル少々を加える。パッサータを使ってもよい。好みでにんにくを加えても。

ピザの魔法

コロナ禍前の数年間、お昼時に人がみえるとイエルカの薪ストーブ屋は無料のピザ屋になった。毎日のようにそれはそれはたくさんのピザを焼いた。でもオーブンから出す瞬間の人々の歓声と微笑みに出会うとまた作りたくなる。

トッピングはトマトソースにアンチョビと黒オリーブと唐辛子、サラミとしめじ、または生トマトとモッツァレラ、あるいは炒めた玉ねぎやその時々のハーブや野菜、ソーセージやキムチなど家にあるものをのせる。

今まで食べたなかでいちばんおしゃれだったのは、イタリアの友人が作ってくれたピザだ。カリッとした生地にゴルゴンゾーラと洋梨、少しのトマトソース、バジル。とびきりおいしかった。トスカーナの夕暮れの中で食べた忘れられない味だ。

皆が心を開き、そこに笑顔に包まれた素敵な輪ができる。ピザはマジックフードなのだ。

（悦子）

野菜と肉のこと

ヨーロッパから帰国し、鎌倉を経て長野に戻った。嬉しいのが、素材力の高い材料を大切に育てる生産者が身近にいることだ。素材がないと料理を作ることはできないから、良質なものを作ってくれている生産者の方たちが本当にありがたい。きれいな水と寒暖差のしっかりある場所で育つ長野の野菜は味が引き締まっていて、やはりとてもおいしい。有機農家や白アスパラやフェンネルなどの洋物野菜を育てる人が増えているのも嬉しい。長野は野菜と水と風、そして空間が贅沢な土地だ。

澄み切った味のおいしい肉を育てる生産者に出会えたのも幸せなことだ。上伊那産の引き締まった肉質の軍鶏(しゃも)と肌理(きめ)の細かいしっとりとした美しい赤身の羊肉のおかげでローストの喜びが倍増した。

チェコとフランスにいた頃、家族や友人が集まる日曜日のお昼のテーブルは丸鶏やアヒル、ジゴ（羊のもも肉）やローストビーフ、豚の骨つき肉などのオーブンで焼き上げた大きな肉の塊を囲むことが多かった。ヨーロッパに実家を持たない私も友人の家に招かれたり、当時の恋人の家にお邪魔したりとずいぶんたくさんのお母さんたちの料理をご馳走になった。とても幸運なことだったと思う。

素晴らしい素材の生産者の方々に感謝を込めて料理をしていきたい。

野菜のロースト

⯐オーブン200℃　20～30分

お好みの野菜にオリーブオイルと塩をかけてオーブンへ。数種類の野菜を混ぜて焼く時は大きさを揃えると焼き上がりがだいたい同じになる。

材 料

好みの野菜 ―――――――――――好きなだけ
（ここではれんこん、ししとう、しめじ、ビーツ、中抜き大根、にんじん）
塩 ―――――――――――――――適量
オリーブオイル ――――――――――適量

作り方

野菜を好みの大きさに切って塩とオイルで和え、オーブンシートを敷いた天板にのせて200℃のオーブンで火が通るまで20～30分ほど焼く。途中一度、全体を混ぜる。

＊丸ごと焼く場合は（ビーツ、かぼちゃ、なすなど）、竹串がスッと通るまでじっくり焼く。スパイスをふりかけて焼いてもおいしい。

＊スパイスは、クミン、五香粉、カルダモン、シナモン、フェンネルシード、コリアンダーシード、エスプレットの唐辛子など。

ラムチョップのグリル

◎オーブン200℃　5分

自分を信じて塩をふり、焼きましょう！　必ずおいしく焼けるはずです、と羊飼いさん。コツは自分を信じることだそう。ラックを焼く場合は骨のまわりの膜もぜひ味わって。

材 料

ラムチョップ ―――― 適量
塩 ―――― 肉の重さの1%
粗挽き黒こしょう ―――― 少々
オリーブオイル ―――― 少々

作り方

1 ラムチョップに塩こしょうし、オリーブオイルをふりかける。
2 熱したフライパンに肉をのせ、骨の面を焼く。次に両面をさっと焼き、焼き色をつける。
3 焼き皿にのせ、200℃のオーブンに入れて5分ほど、厚みに応じて好みの焼き加減に焼く。5分休ませてからいただく。

ラムラックを焼く場合

ラムチョップと同様に塩こしょうしてオリーブオイルをふりかけ、冷蔵庫で3時間ほど置いてなじませる。室温に戻してから、熱したフライパンに肉をのせ、骨の面から焼く。次に各面をさっと焼いて焼き色をつける。骨の面が下になるよう焼き皿にのせて200℃のオーブンに入れ、10分ほど焼く。少し休ませてから切り分ける。

＊ラムはローズマリー、タイムなどハーブと相性が良い。最初に塩こしょうするときにハーブを一緒に加えても。

長野県上伊那郡箕輪町で育てられた美しい赤身の羊肉。

ラムのラベンダー風味

◎オーブン190℃　1〜1時間半

南仏の花の咲き誇る中庭でその家のマダムが出してくれた料理。ラベンダーを料理に使うことに驚いたけれど、ローズマリーの香りと合わさると肉の風味をさらに高めてくれる。

材料

ラムもも肉（骨抜き）――1本

ハーブミックス
- ローズマリー――3枝
- ドライラベンダー――1.5g
- 塩――ラムの重量の0.8%
- 粗挽き黒こしょう――適量

オリーブオイル――40ml
にんにく（皮付き）――8片

作り方

1 ハーブミックスを作る。ローズマリーを刻み、ラベンダーを加えてさらに粗く刻む。塩、黒こしょうを合わせる。

2 ラムもも肉は厚さがだいたい同じになるように開き、1をまんべんなくふる。端からきつく巻き込んでタコ糸で縛り、巻き終わりが下になるよう焼き皿にのせる。オリーブオイルを表面にぬり、塩少々（分量外）を全体にふって冷蔵庫で3時間ほどなじませる。

3 2の肉を冷蔵庫から取り出して30分ほど常温に置き、焼き皿の隙間に包丁でつぶした皮付きのにんにくをのせて190℃のオーブンに入れて焼く。30分ごとに肉の向きを変え、肉汁をかけながら1〜1時間半ほど焼く。

4 焼き上がったらアルミホイルに包んで20分ほど休ませ、好みの厚さに切り分ける。焼いた野菜と肉汁を添えていただく。

野菜の蒸し焼き

◘オーブン200℃　15〜25分

旬の野菜を好みで組み合わせて蒸し焼きに。冬のワイン家の食卓にひんぱんにのぼる。オリーブオイルは調味料として考え、おいしいものを使うのがおすすめ。

材料

好みの野菜 ―――― 好きなだけ
(ここではロマネスコ、菜花、かぶ、赤玉ねぎ)
塩 ―――― 少々
オリーブオイル ―――― 適量

作り方

1 野菜は好みの大きさに切る。ふた付きの耐熱容器に、根菜を下に、葉野菜が上になるように入れて塩をふる。
2 ふたをして200℃のオーブンに入れ、野菜に火が通るまで(15〜25分程度)蒸し焼きにする。仕上げに好みのオリーブオイルをふりかけていただく。

信州の果物

食べ頃に熟れた果物を口いっぱいに頬張るのはなんと幸せなことなのだろう。あまりにもしっくりと胃の腑に落ちるその感覚は、人間がまだ草食だった頃の記憶なのだろうか。

五年ほど前、プラハのマーケットでひと抱えほどの大きな木の鉢に一目惚れした。モラヴィア地方の山の中でひとりの女性が大きな木の株から切り出して作ったその鉢は力強くもしなやかで、見た瞬間に母に贈ることに決めた。

抱きかかえるようにして飛行機に乗り、長野の実家にやってきたその鉢を、母は果物鉢にした。それ以来、台所の水屋簞笥の上に置かれ、季節ごとの果物が山と盛られるようになった。

信州は果物が豊かで、産地だけあって新鮮なものが入手できる。私が産直ワンダーランドと呼んでいる各地の産直市場では生きのよい四季折々の果物が目と鼻と舌を楽しませてくれる。味と香りがぎゅっと凝縮されたヨーロッパの果実とは異なった、雨の多い国のおおらかでみずみずしい果物のよさが最近になってようやくわかるようになった。しかし大きさや形が均一なことだけは慣れることができず、のびのびした不揃いな姿を見かけるとほっとする。比較的安価に、そして時には大量に手に入るから、保存食作りをする人が多い。

春から夏にかけては露地もののいちごや指と口を真紫に染めるドドメ（桑の実）、木苺、ブルーベリーなどのベリー類、夏が始まるとあんずやプルーン、ネクタリンに桃と続き、秋のぶどう、梨、柿（干し柿も）、山のものではサルナシやあけび、そして冬はさまざまな品種のりんごの季節だ。
母は妊娠最後の二ヵ月間をあけびの木のある小川のほとりで、ティーピー（ネイティブアメリカンの移動式テント）を建てて父とともに過ごした。あけびの実のなる頃に生まれた私は全身が紫色で、父は迷わずあけびと名付けた。

母の友人にそれはそれは素晴らしい干し柿を作る女性がいる。南信州の柿の町に住む彼女は、自家製の有機栽培の柿を無燻蒸（むくんじょう）で福々しい干し柿に仕上げる。この地方の家屋の二階は四方を開け放てるような造りになっていて、そうして柿を干すための風を取り入れる。ギリシャ神話では神の食べ物のことをアンブロシアと呼ぶが、それはこんな食べ物なのかもしれない。干し柿を長きにわたって揉み続けた彼女の曲がった美しい指から、真っ当なおいしいものを作ることへの誇りが伝わってくる。柿は揉むことでより甘くなり、真っ白な美しい粉を吹く。そのままでもちろん素晴らしいのだけど、この干し柿を短冊に切り、さっと茹でて醤油洗いしたほうれん草と小さく切った金柑とともにクリームチーズで和えるのもおいしい。干し柿に切れ目を入れて栗きんとんを挟むのもよいし、料理上手の友人が熨（の）した干し柿に刻んだ柚子の皮を巻き込んでロール状にし、薄切りにしてすすめてくれたのもとても優雅だった。
りんごの可憐な花無くして信州の風景について語れないし、キンと冷えた空気の中でかじる甘酸っぱい紅玉はやはり愛すべきものだと思う。紅玉を使ったお菓子作りも楽しく、ますます冬のオーブンが活躍することになる。

シードル焼きりんご

⚙オーブン170℃　1時間

ある冬の日にふと思いついてシードルを注いでりんごを焼いてみたら、とびきりの味に。もちろんシードルなしの焼きりんごもおいしいけれど。紅玉で作るのがおすすめ。

材料

りんご（紅玉）――4個
シードル――300ml
シナモン――適量
砂糖――適量

詰め物
　食パン――1/2枚
　レーズン――16g
　砂糖――24g
　バター――32g

仕上げ
　生クリーム――150ml
　砂糖――適量
　バニラビーンズ――1/3本
　水切りヨーグルト――30g
　レモンの皮――適量

作り方

1 りんごは皮付きのまま、上1cmくらいのところで横に切り、芯をくり抜く。上部はふたにするのでとっておく。食パンは大きめの角切りにする。
2 深めの耐熱皿にりんごを並べ、くり抜いたくぼみに食パン、レーズン、砂糖、バターを順に詰めてふたをする。りんごのまわりにシードルを注ぎ、シナモンと砂糖をふる。
3 170℃のオーブンに入れ、時おり焼き汁をスプーンでかけながら、1時間ほど焼く。
4 バニラビーンズは縦に切り込みを入れて種を取り出す。生クリームに砂糖とバニラの種を加えて八分立てに泡立て、ヨーグルトを加えて混ぜる。
5 焼き上がったりんごを皿に盛り、4のクリームを添えて焼き汁をかける。好みですったレモンの皮を散らす。

いちごとカルダモンのクラフティ　◎オーブン180℃　30分

クラフティはどんな果物で作ってもたいていおいしい。ベリー類ならそのまま、さくらんぼは種ごと、桃やあんずはざっくりと切って。りんごと洋梨は小さく切るのがおすすめ。

材料 （直径25cmの焼き皿1枚分）

生地
- きび砂糖 ―― 65g
- 塩 ―― ひとつまみ
- アーモンドパウダー ―― 45g
- 全卵 ―― 2個
- 卵黄 ―― 1個
- ヨーグルト ―― 75g
（水分が少なく固めで味の濃いもの）
- 薄力粉 ―― 10g
- カルダモン（ホール） ―― 5粒

いちご ―― 250g
薄力粉 ―― 10g
粉砂糖 ―― 適量

作り方

1. カルダモンは皮をむき、種を取り出したら、包丁で刻んですりつぶしておく。
2. ボウルに生地の材料をすべて入れ、泡立て器でしっかり混ぜる。ラップをして冷蔵庫で1時間寝かせ、カルダモンの香りを染み込ませる。
3. いちごを好みの大きさに切り、薄力粉をまぶす。
4. 深さのある焼き皿（パイ皿、スキレットなど）にバター（分量外）を薄くぬり、いちごを並べて**2**を静かに注ぎ入れる。
5. 180℃のオーブンに入れ、30分焼く。表面に焼き色がつき、竹串を刺して生地がつかなくなれば焼き上がり。好みで粉砂糖をふる。

薪ストーブのオーブンは、使っていくうちにパンだけでなくほかの料理もとてもおいしくできることがわかった。石窯のように、オーブンの壁と床に敷いたレンガから均等に熱が食べものに放出され、空間が閉ざされているため湿度が保たれて食べものが乾燥しない。

冬にはもちやさつまいもやじゃがいもを直接オーブンのレンガの上に置いて焼き、また、ふた付きの焼き物の器に食べものを入れてゆっくり焼いてもおいしい料理ができる。

（イエルカ）

おもちはストーブのお客様に母がいつも出していたお茶うけ。
気持ちよいくらいきれいにふくらむ。

もち

材料／もち　好きなだけ

200℃に予熱したオーブンの
レンガの上にもちを直接置き、
途中一度裏返して、きれいにふくらむまで焼く。

焼きじゃがいも

焼きいも

材料／じゃがいも、さつまいも　好きなだけ

いもはよく洗い、皮付きのままレンガの上に直接置く。
180～200℃で50分ほど、火が通るまで焼く。
じゃがいもは途中で一度、上下をひっくり返す。
さつまいもは何度か上下を返しながら焼いて、甘い香りがしてきたら焼き上がり。

＊ガスや電気のオーブンなら鉄板にのせて焼くとよい。

身は乾くことなくしっとりと、そして皮はパリッと。
薪ストーブのオーブンで焼く魚は本当においしい。秋刀魚の塩焼きもとびきりの味。

干物

材料／好みの干物　好きなだけ

天板にオーブンシートを敷き、干物を身を上にして並べる。
180℃のオーブンに入れ、焦げ目がつくまで10分ほど焼く。
裏返して皮に焦げ目がつくまで、さらに5分ほど焼く。

長くヨーロッパにいた私は、日本に戻ったら銭湯に通い、
お豆腐屋さんでおいしい豆腐や厚揚げを買う生活に憧れていた。

厚揚げ

材料／厚揚げ　好みの量

天板にオーブンシートを敷き、厚揚げを切らずに並べる。
220～230℃のオーブンに入れ、途中一度返して
両面がカリッとして焼き色がつくまで焼く。
しょうゆだけでなく、田楽味噌と七味や山椒も合う。

山羊の毛の織物のこと

いかに素材と向き合いそれを生かしていくかということが私のもの作りのテーマだと思います。それまで十年近く続けていた皮染めを織りに変えたのも、染める前の皮の方が美しいと感じたからでした。

二十八歳のときすばらしい織物の先生に出会い、その人のもとで四年間織りの基礎を学びました。自分にピッタリくる織物を探し続けていました。絹のような繊細なものよりも荒手のものが織りたいと漠然と考えていました。そんなときアメリカに行く機会があり、ふと入った図書館で数点の敷物に出会いました。見た瞬間に、これを織りたいと強く感じました。作り手を探し当てましたが、今まで人に教えたことがないと断られました。けれど、偶然彼に会う機会があり、なぜ私に敷物を習いたいのかと問われ、たどたどしい英語であなたの敷物はsimple and strongだから、と答えました。それがバーニー・ホックバーグとの出会いでした。

彼は一枚だけ教えると言ってくれました。八時から五時まで二週間、彼のスタジオに通い、すべてを忘れて夢中で一枚を織り上げました。あの二週間は忘れることのできない至福の時でした。

経糸(たていと)は麻、緯糸(よこいと)はギリシャの自然色の山羊の毛。その織り上げた一枚を日本に持ち帰り、自分の仕事場をすぐに敷物が織れるよう整え、それから二年間ひたすら織り続けました。

二十枚の敷物を織り、一枚一枚丁寧に仕上げました。二日後に展覧会を控え、積み重ねられた二十枚の敷物の上に座ったときの感動は今でもはっきり覚えています。その瞬間が私だけの展覧会でした。

私は山羊の毛に惚れこみ、それから四十二年間、山羊の敷物だけを織り続けています。

（悦子）

ギリシャの山羊の毛。白から黒までの13段階のグラデーションからデザインが生まれる。

私が薪ストーブをデザインするときの造形の先生は大自然だ。自然の中に完璧な四角や丸は存在しない。一枚の葉もりんごでさえも右と左で少し形が違う。

英語で暖炉（hearth）と心臓（heart）の音はほとんど同じ。人間は大昔から火のまわりで体と心をあたためながら暮らしてきた。私の薪ストーブは、家族のメンバーであり、生きたものにしたかった。

（イエルカ）

2
3
4
5
6
10

料理をおいしくする
〝火〟という調味料

ホタルイカのアーリオオーリオ

ぷりっと煮上がったホタルイカと材料の味がしみ出たオイルがご馳走。
小海老や貝のむき身で作っても。茹で上がったパスタに絡めるのもおすすめ。

材料

ゆでホタルイカ　100g
オリーブオイル　50ml
塩　ふたつまみ
白ワイン　10ml
にんにく　1片
鷹の爪　1本

作り方

①小鍋にオリーブオイルを入れて、燃えるストーブの上にのせて加熱する。
②ホタルイカは目を取り、塩をふって白ワインに漬ける。
③にんにくはみじん切りにする。鷹の爪は種を取り除き、粗くちぎる。
④❶の鍋のオイルがあたたまったらにんにくを入れる。ふつふつとして良い香りがしてきたら、漬け汁ごとホタルイカを入れ、鷹の爪を加える。
⑤ときどきスプーンで混ぜながらふたをして煮て、ホタルイカとオイルがなじんだらできあがり。

*牡蠣でもおいしい。
*ガスで作る場合は小鍋にオリーブオイルを入れて中火にかけ、以下は同じ工程で。

ひよこ豆のスープ

ストーブの上に豆を煮る鍋がかかっている風景が好きだ。
じっくりことこと火を通すと豆の旨みが出て、まろやかな味になる。

材料（5〜6人分）
ひよこ豆　500g
水　2.5ℓ
塩　12g
トマト　2個
にんにく　2片
ローズマリー　1枝
オリーブオイル　少々
玉ねぎ　適量

作り方
①ひよこ豆はたっぷりの水に浸けて一晩おき、ざるに上げる。
②トマトは横半分に切る。にんにくはつぶす。
③鍋にひよこ豆と水、塩、トマト、にんにく、ローズマリーの枝を入れて火にかける。
④沸騰したら火を止めてふたをし、燃えるストーブの上に置く。豆がやわらかくなるまでストーブの熱で煮る。
⑤豆が煮えたらローズマリーを取り除き、汁ごとスープ皿によそってオリーブオイルと好みで塩少々（分量外）、みじん切りにした生の玉ねぎをふりかけていただく。

＊ガスの場合は強めの中火にかけ、沸騰したら火を弱めて豆がやわらかくなるまで煮る。

果物を乾燥させる

季節の果物で、ぜひ。チェコではドライフルーツとはちみつを熱い紅茶に入れてフレーバーティーにするのがポピュラーだった。

材料

果物（柑橘類、りんごなど）　適量

作り方

①果物を好みの形に薄く切る。厚さは均一になるようにする。

②燃えているストーブの上に3cmほどの厚さの耐熱のもの（耐火煉瓦半丁など）をふたつ置き、網を渡す。

③網の上に果物を並べてじっくり乾燥させる。

＊よほど水分の多い果物（スイカやメロンなど）でなければなんでも作れるが、おすすめは柑橘とりんご。

＊一般的なオーブンでは、オーブンシートを敷いた天板に薄く切った果物を並べて、80〜100℃で4〜8時間（果物による）焼く。均一に乾くように途中で一度、天板の向きを変える。

＊日本の野菜は外国のものに比べて水分が多いので、いかに上手に水分を抜くかがおいしく作る鍵。果物同様にオーブンの上で軽く干してから料理すると味が引き締まる。

ベーコンエッグ

時間を短縮したければ、フライパンやスキレットをまずガス火であたため、
それからストーブの上に移動させる。
朝ごはんを作るのは好きだけれど、作ってもらうのはもっと好きだ。

材料
卵　3個
ベーコン　2枚
セージの葉　3枚
塩　適量
粗挽き黒こしょう　適量

作り方
①小ぶりのフライパン、またはスキレット、耐熱の焼き皿などをストーブの上にのせる。熱くなったらベーコンを入れる。
②ベーコンが焼けて脂がじゅうじゅうしはじめたら、セージの葉を入れ、卵を割り入れる。
③ふたをして好みの焼き加減まで焼く。好みで塩こしょうする。

薪の話

つい最近まで日本の家にはいろりがあり、家族で一緒に火を囲み心と体をあたためていた。そういう気持ちが深く日本人の中には残っているから人々は薪ストーブの火を見ると懐かしく感じる。日本の森は木の種類がほかの国に比べてとても多い。松、唐松、檜（ひのき）、楢（なら）、くぬぎ、とち、山栗、山桜、もみじなど。松は薪を割るときや燃えるとき、甘く香る。ピザを焼くときは火力を上げるために松を入れ、長くゆっくり料理したいときは広葉樹を使う。いろんな種類の木を使うのは料理にスパイスを入れるような豊かさがある。

チェーンソーが発明される前、薪を手に入れるため人々は流木を拾っていた。娘が小さかったころ、一緒によく河原に木を拾いに行った。雨の後はたくさんの薪が河原に流れ着いていて、拾っては小山を作り、羊を追うように移動させながら車の方へと近づけた。

私たちは薪割りに斧を使う。我が家には割る木の種類と大きさに合わせて、いくつかの斧と楔（くさび）がある。薪割りは良い運動で、木によっては簡単に割るため中心に命中させる。『七人の侍』に出てくる薪割りのシーンのように目と腕の良い訓練になる。

割った薪はしっかり乾燥させるために上手に並べる。村人たちは少なくとも一年以上乾燥させてから使う。日本は村のまわりに豊かな森があるから薪に恵まれている。

（イエルカ）

イエルカ・ワイン

チェコスロバキアのプラハに生まれる。プラハのカレル大学で舞台装置と絵画を学び、24歳で渡仏し絵画に専念する。30歳の時、インドのガンジーの一番弟子ビノバのアシュラム（僧院）で2年間を過ごす。33歳で渡米し、カリフォルニアの大学で織物を教える。35歳、ニューメキシコで日本の詩人ナナオサカキと出会い、ナナオの誘いで来日。40歳の時に悦子に出会い、信州に移住。ライ麦を植えパンを焼くためにストーブ作りを始める。その後30年間、薪ストーブ作りをしながら自然の中で暮らす。

ワインあけび

長野県下伊那郡大鹿村の山間の集落に生まれる。高校卒業後、プラハのカレル大学で言語学を学び、その後渡仏。パリのレストランで修業し、ケータリングで独立。その後イタリアに渡り、ピエモンテのリストランテで働きながら料理を学ぶ。また南イタリアを食べ歩きいろいろな味に出会う。2019年に帰国し南信州と鎌倉で料理教室を主宰。2022年11月1日、「欧州総菜Kawazoe（カワゾイ）」を長野県松本市の女鳥羽川沿いに開店。Instagram: kawazoe_matsumoto

関悦子

埼玉県桶川市の穀物問屋に生まれる。28歳で林良子氏に師事、織物を始める。後に渡米し、31歳でバーニー・ホックバーグ氏に師事、敷物を学ぶ。帰国して本格的にギリシャの山羊の毛の敷物を織り始める。39歳の時にイエルカとともに信州に移住、翌年あけび誕生。作品を作りながら自然と共に暮らす。

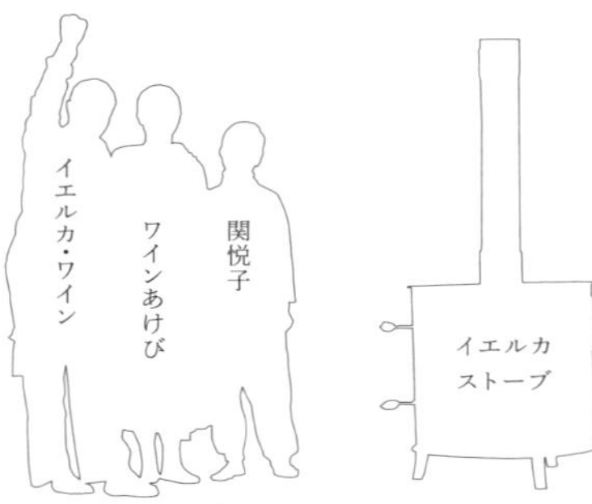

〈私の信頼する生産者の方々〉

大島農園（有機野菜）
〒399-3802 長野県上伊那郡中川村片桐3560-1
TEL 0265-96-7911

工房杉ノ本（山羊チーズ）
〒399-3106 長野県下伊那郡高森町大島山634-2
TEL 0265-35-2539

林養鶏場（ギタロー軍鶏）
〒399-0428 長野県上伊那郡辰野町北大出8268
TEL 0266-41-0440

春庭農園（有機野菜）
〒399-4511 長野県上伊那郡南箕輪村6854-1
TEL 070-5542-8139

まっちゃん農園（白アスパラ）
〒399-3301 長野県松川町上片桐
TEL 090-1866-7244

吉澤農園（有機野菜）
〒395-0244　長野県飯田市山本2662-4
TEL 0265-25-5403

Special Thanks to...
藤林司／島るり子／長瀬一美／ひがしちか／中塚洋子／宮原美樹／木下恵子／Anna Weinova／Helena Honcoopova／Martina Mervartova／生活クラブ
（敬称略）

ワイン家のオーブン料理

初版第一刷発行　二〇二二年十二月二十四日

著者　ワインあけび

協力　イエルカ・ワイン、関悦子

アートディレクション・デザイン　樋口裕馬

写真　在本彌生
絵　塩川いづみ
編集　大嶺洋子〈リトルモア〉、玉木美企子

発行人　孫家邦
発行所　株式会社リトルモア
〒一五一—〇〇五一
東京都渋谷区千駄ヶ谷三—五六—六

電話　〇三—三四〇一—一〇四二
ファクス　〇三—三四〇一—一〇五二
http://www.littlemore.co.jp/

印刷・製本所　株式会社八紘美術

ISBN978-4-89815-568-4